WISSEN KOMPAKT

Detlef Jürgen Brauner
Hans-Ulrich Vollmer

Erfolgreiches
wissenschaftliches Arbeiten

Seminararbeit
Bachelor-/Masterarbeit (Diplomarbeit)
Doktorarbeit

3., überarbeitete und erweiterte Auflage

Verlag Wissenschaft & Praxis

Bibliografische Information der Deutschen Bibliothek
Die Deutsche Bibliothek verzeichnet diese Publikation in
der Deutschen Nationalbibliografie; detaillierte bibliografische Daten
sind im Internet über http://dnb.ddb.de abrufbar.

Zum Gedenken an
Professor Dr. Franz Mehler † 1982

ISBN 978-3-89673-453-2
© Verlag Wissenschaft & Praxis
Dr. Brauner GmbH 2008
D-75447 Sternenfels, Nußbaumweg 6
Tel. 07045/930093 Fax 07045/930094

Vorwort zur 3. Auflage

Die vorliegende Neuauflage enthält formale Änderungen und Ergänzungen, die den nunmehr eingeführten Bachelor- und Masterstudiengängen Rechnung tragen. Für Bachelor- und Masterarbeiten gelten ansonsten ebenso die allgemeinen Prinzipien und Methoden des wissenschaftlichen Arbeitens. Die zu erfüllenden Standards werden in den Studien- und Prüfungsordnungen der Hochschulen sowie ggf. hochschulinternen Richtlinien näher bezeichnet.

Trotz des Fortschritts der Digitalisierung im Bereich der wissenschaftlichen Publikationen halten wir die Vorstellung eines jederzeitigen Zugriffs auf das für ein Thema relevante Wissen für eine Illusion. Hilfsprogramme der sog. Literaturverwaltungssoftware suggerieren hier möglicherweise Erleichterungen, die de facto weder bestehen noch jemals erreicht werden können. Eine umfassende, auf seriösen Quellen basierende, problemorientierte und zielgerichtete Literaturrecherche bildet weiterhin das Herzstück jeder wissenschaftlichen Arbeit. Daher haben wir noch deutlicher herausgestellt, wie die Konzeption einer wissenschaftlichen Arbeit an typisierten wissenschaftlichen Forschungsfragen orientiert werden kann, um den Aufwand der Arbeit abschätzen und die jeweiligen Anforderungen noch besser erfüllen zu können.

November 2007

Dr. Detlef Jürgen Brauner
Verlag Wissenschaft und Praxis GmbH
Nußbaumweg 6
75447 Sternenfels

Dr. Hans-Ulrich Vollmer
AKADEMISCHES NETZWERK
Osterbronnstrasse 19
70565 Stuttgart

Vorwort

Es liegt in der Natur der Sache, dass man sich nach erfolgreich abgelegten Prüfungen neuen Aufgaben zuwendet und die bewältigten Herausforderungen seinem allgemeinen Erfahrungsschatz zuordnet. So sind auch wir verfahren und haben nach Studium und Promotion unsere weitere persönliche und berufliche Entwicklung verfolgt. Die Weitergabe unserer eigenen Erfahrungen spielte dabei zunächst überhaupt keine Rolle, waren wir doch selbst noch in der Situation derer, die ihre berufliche Orientierung und ihren Weg zu finden hatten. Dennoch haben wir die Zeit des wissenschaftlichen Arbeitens und die damit verbundenen Mühen niemals vergessen, sie ist uns stets in Erinnerung geblieben. Im Abstand einiger Jahre zu unseren eigenen Seminar-, Bachelor-/ Master- (Diplom-) und Doktorarbeiten, ergänzt durch Erfahrungen im Berufsleben und als Verleger wissenschaftlicher Schriften präsentieren wir die vorliegende Ausarbeitung, in der wir den Prozess der Erstellung einer wissenschaftlichen Arbeit aus der Sicht des Verfassers, quasi als auktorialer Erzähler, der weiß, was geschehen wird, darstellen und erläutern.

Wir können nicht besser schreiben als unsere Leser und behaupten dies auch nicht, aber wir wissen, worauf es ankommt und würden, hätten wir nochmals eine wissenschaftliche Arbeit zu verfassen, in der hier dargelegten Weise vorgehen. Dadurch unterscheiden wir uns von der Vielzahl am Markt existierender Schriften zur Technik des wissenschaftlichen Arbeitens. Während andere Autoren ihre durchaus verdienstvollen Bemühungen auf die Vermeidung typischer Fehler und Einhaltung formaler Anforderungen richten und dabei aus dem wissenschaftlichen Arbeiten selbst eine Wissenschaft machen, haben wir unsere Erfahrungen in ein prozessorientiertes Konzept umgesetzt, das dem Verfasser einer Seminar-, Bachelor-/Master- (Diplom-) oder Doktorarbeit in jeder Arbeitsphase – von der Themenwahl bis zur Fertigstellung – konkrete Hinweise gibt.

Dabei geht es nicht darum, überall gute Ratschläge zu erteilen. Auch andere Autoren haben ihre Verdienste und werden folgerichtig dafür von uns auch zitiert. Unsere Veröffentlichung weist aber zwei Eigenschaften auf, die sie von allen anderen „Ratgebern" unterscheidet: mit unserer Konzeption wird es möglich, alle Phasen der Seminar-, Bachelor-/Master- (Diplom-) oder Doktorarbeit simultan zu bearbeiten und so ihre gegenseitigen Abhängigkeiten und Zusammenhänge zu erkennen. Dadurch wird eine optimale Nutzung der verfügbaren Bearbeitungsfrist erreicht.

Die zweite besondere Eigenschaft unserer Ausarbeitung besteht darin, dass wir Studierenden nicht nur Hinweise geben, sondern sie bei der Herstellung und Veröffentlichung ihrer wissenschaftlichen Arbeit qualifiziert unterstützen wollen. Der Verlag Wissenschaft und Praxis agiert damit in einer Nische, die von Lehrenden an Fachhochschulen und Universitäten nicht hinreichend ausgefüllt werden kann. Mit diesem Angebot der Betreuung leisten wir einen Beitrag, der qualitätvolles wissenschaftliches Arbeiten über die Erbringung von Prüfungsleistungen hinaus der interessierten Öffentlichkeit zugänglich macht. Das Verlagsspektrum umfasst alle Bereiche der Wirtschafts- und Sozialwissenschaften, der Psychologie und der Psychiatrie, mehrere Schriftenreihen und Einzelveröffentlichungen.

Die Anforderungen an schriftliche Arbeiten im Studium werden immer höher. Was vor einigen Jahren noch als außergewöhnlich gelten konnte, gehört heute zum Standard. Mit unserer Erfahrung möchten wir dazu beitragen, dass Studierende, Diplomanden und Doktoranden ein Höchstmass an Profilierung ihrer geleisteten Arbeit erlangen können.

Sternenfels und Berlin, im April 2004

Dr. Detlef Jürgen Brauner

Dr. Hans-Ulrich Vollmer

Anmerkung: Den nachfolgenden Kapiteln sind jeweils Kapitelübersichten voran gestellt. Diese dienen der schnellen Orientierung.

Inhaltsverzeichnis

Verzeichnis der Übersichten im Text 15

1. Allgemeine Merkmale wissenschaftlicher Arbeiten 18

   1.1   Allgemeine Anforderungen an wissenschaftliches Arbeiten 19

   1.2   Arten wissenschaftlicher Arbeiten 21

         1.2.1   Seminararbeit und Referat 21

         1.2.2   Bachelorarbeit/Masterarbeit
                (Diplomarbeit/Magisterarbeit)..22

         1.2.3   Doktorarbeit (Dissertation) 23

         1.2.4   Weitere wissenschaftliche Arbeiten..................................23

   1.3   Anforderungsniveaus der unterschiedlichen Arbeiten..................24

**2. Entwicklung und inhaltliche Konkretisierung von Themen mit
wissenschaftlichem Anspruch**..27

   2.1   Abgrenzung des Möglichkeitenraums (verfügbare Themen).........27

   2.2   Eigene Präferenzen 30

   2.3   Weitere Verwertbarkeit (allgemeines Interesse) 31

   2.4   Anwendungsbeispiel zur Themenformulierung 31

   2.5   Literatursuche..33

         2.5.1   Aufarbeitung der Grundlagenliteratur.............................33

         2.5.2   Publikationen/Favoriten des Betreuers............................34

         2.5.3   Weitere Quellen..35

         2.5.4   Online-Kataloge großer Bibliotheken 36

         2.5.5   Neueste Veröffentlichungen 37

   2.6   Arbeitstitel...38

         2.6.1   Untersuchungsschwerpunkt zum Ausdruck bringen.........38

         2.6.2   Schlagwortartige Eingrenzung der Untersuchung 38

         2.6.3   Interpretationsspielraum für spätere Präzisierung lassen 38

         2.6.4   Beispiele zur Eingrenzung des Themas................................39

3. Arbeitstechnische Voraussetzungen für die Niederschrift der Arbeit....41

   3.1   Wichtige Hinweise zur Arbeitsorganisation 41

   3.2   Anforderungen an den Arbeitsplatz 42

   3.3   Einsatz verschiedener Arbeitsmittel 43

3.4 Arbeitszeit und Arbeitseinteilung...45

3.5 Gestaltung des Arbeitsumfeldes..49

3.6 Informationssammlung in der Entstehungsphase..........................50

3.7 Notwendige PC-Kenntnisse zur Erstellung
wissenschaftlicher Texte..51

   3.7.1 Anforderungen an die Software...52

   3.7.2 Gliederungsfunktion (Textverarbeitung) und Arten
der Gliederung...53

   3.7.3 Verzeichnisfunktion...56

   3.7.4 Aktualisieren von Verzeichnissen.......................................57

   3.7.5 Verknüpfen und Einbinden von Tabellen und Grafiken
aus anderen Anwendungen und Programmen....................58

   3.7.6 Nutzen der Auto-Text-Funktion (Textbausteine)................60

   3.7.7 Software zum Bibliographieren..60

**4. Erarbeitung des notwendigen Wissens als Grundlage
für das Schreiben wissenschaftlicher Texte.................................64**

4.1 Einarbeitung in den aktuellen Forschungsstand des Themas.........64

4.2 Historische Wurzeln der Thematik...65

4.3 Bisherige Forschungsschwerpunkte und -ergebnisse....................67

4.4 Nicht befriedigend geklärte Forschungsfragen.............................68

4.5 Aktualität und Notwendigkeit der eigenen Arbeit........................69

5. Schrittweise Konkretisierung der Problemstellung.....................72

5.1 Warum ist dieses Thema wichtig?...72

5.2 Worauf kommt es besonders an?..72

5.3 Welche (ausgewählten) Probleme sollen bearbeitet werden?........73

5.4 Welche Lösungen werden in der Literatur diskutiert?...................74

5.5 Wie kann der eigene Beitrag zur Problemlösung aussehen?.........75

5.6 Prägnante aktuelle Formulierung zur Charakterisierung
des Themas wählen..77

5.7 Eingrenzung des Untersuchungsgegenstandes durch Untertitel....77

5.8 Abgrenzung des gewählten Titels zu bestehenden
Veröffentlichungen...78

6. Erste Entwicklung der Gliederung der Arbeit **81**

6.1   Grobgliederung des Hauptteils ohne Gewichtung 81

6.2   Kapitelüberschriften...83

6.3   Untergliederung der Kapitel 84

6.4   Grobe Festlegung der Seitenanzahl der einzelnen Kapitel 85

7. Das Konzept für die detaillierte Ausformulierung der Argumentation ..88

7.1   Systematische Einordnung des Themas..89

7.2   Problemstellung, methodisches Vorgehen und Ziel
       der Arbeit als Grundlage der Argumentation 90

7.3   Voraussetzung detaillierter Argumentation:
       Die Formulierung der Forschungsfrage...92

       7.3.1 Systematische Ableitung der Forschungsfrage
              aus den bisherigen Darlegungen 94

       7.3.2 Zusammengefasste Begründung der Forschungsfrage.......96

       7.3.3 Exakte Formulierung der Forschungsfrage 96

       7.3.4 Einordnung der Forschungsfrage in einen erweiterten
              Zusammenhang...98

**8. Ausformulierung einzelner Gliederungspunkte
    in wissenschaftlicher Argumentation**....................................**100**

8.1   Literaturbezug: umfassend und ausgewogen 100

8.2   Schematischer Aufbau der Argumentation 101

       8.2.1 Hinführung zum Thema 102

       8.2.2 Behauptung..102

       8.2.3 Beleg..102

       8.2.4 Einschränkung..102

       8.2.5 Ergebnis (eigene Wertung)...102

9. Wissenschaftliche Verarbeitung von Literaturquellen **104**

9.1   Zitierfähige Literaturquellen für wissenschaftliche Arbeiten........104

9.2   Grundsätze der Literaturauswahl 106

       9.2.1 Verfügbarkeit der Quelle..106

       9.2.2 Aktualität der Quelle 106

       9.2.3 Seriosität der Quelle...106

       9.2.4 Ursprung der Quelle 106

9.2.5 Das Schneeballsystem der Literatursuche
(vorhandene Literatur) 107
9.2.6 Die Recherche nach Veröffentlichungen namhafter
Autoren (wichtige Literatur) 108
9.2.7 Die Suche nach aktueller Literatur 108
9.2.8 Die Recherche nach verschiedenen
Forschungsschwerpunkten (Standardliteratur) 109
9.2.9 Der Anspruch der Vollständigkeit der Literaturauswahl ...109

9.3 Wissenschaftliche Zitierweise 112
9.3.1 Zitate 112
9.3.1.1 Wörtliche Zitate 112
9.3.1.2 Indirekte Zitate 113
9.3.2 Fußnoten 113
9.3.3 Belege 114

10. Präzisierung und Detaillierung der Gliederung 118
10.1 Formale und inhaltliche Gewichtung 118
10.2 Die «4 - 3 - 2 - Regel» als minimales Ordnungsprinzip
für den Aufbau der Gliederung 119
10.3 Begrenzung des Seitenumfangs einzelner Gliederungspunkte 120

11. Optimierung des Hauptteils der Arbeit 123
11.1 Aufbau und Anordnung der einzelnen Abschnitte überprüfen 123
11.2 Sukzessive Logik des Aufbaus und Nachvollziehbarkeit
der Argumentation 123
11.3 Roter Faden erkennbar ? 124
11.4 Übersichtlichkeit und Nachvollziehbarkeit 125

12. Der Schlussteil: Das Ergebnis der Arbeit 128
12.1 Wesentliche Inhalte des Ergebnisses 128
12.2 Umfang der Darstellung des Untersuchungsergebnisses 129

13. Die Einleitung der Arbeit: Bedeutung, Funktion, Zusammenhang 131
13.1 Wesentliche Inhalte der Einleitung 131
13.2 Die Bedeutung des ersten und des letzten Kapitels der Arbeit 131
13.3 Funktion und Zielsetzung von Einleitung und Schluss 132

14. Titelblatt, Verzeichnisse und Anhänge (Hinweise und Gestaltungsbeispiele) **135**

14.1 Inhalt und Einteilung des Titelblatts einer wissenschaftlichen Arbeit 135

14.2 Inhaltsverzeichnis 137

14.3 Verzeichnis der Abbildungen und Tabellen 137

14.4 Literaturverzeichnis 137

14.5 Weitere mögliche Verzeichnisse 139

14.6 Anhang 140

14.7 Inhalt der ehrenwörtlichen Erklärung 140

14.8 Tabellarischer Lebenslauf 141

15. Endredaktion und Vorbereitung der technischen Herstellung **143**

15.1 Stilistische und orthographische Endkorrekturen 143

15.2 Vorbereitung des Druckexemplares 144

16. Kriterien zur Bewertung von Seminar-, Bachelor-/Master- (Diplom-) und Doktorarbeiten **147**

16.1 Bewertungskriterien für Seminararbeiten 147

16.2 Bewertungskriterien für Bachelor- und Masterarbeiten (Diplomarbeiten) 149

16.3 Bewertungskriterien für Doktorarbeiten 152

    16.3.1 Anforderungen an die schriftliche Arbeit 152

    16.3.2 Bewertungskriterien der mündlichen Doktorprüfung 154

16.4 Folgerungen aus den Bewertungskriterien für wissenschaftliche Arbeiten 155

17. Veröffentlichung **158**

17.1 Voraussetzungen 159

17.2 Anforderungen an die Druckvorlage 160

17.3 Kosten der Veröffentlichung 161

Literaturverzeichnis **163**

Index **171**

Verzeichnis der Übersichten im Text

Übersicht 1: *Anforderungsprofile von Seminar-, Bachelor-/Master- (Diplom-) und Doktorarbeiten* 25

Übersicht 2: *Grundkonzeptionen für Seminar-, Bachelor-/Master- (Diplom-) und Doktorarbeiten* 29

Übersicht 3: *Kriterien zur Formulierung eigener Themenvorschläge für wissenschaftliche Arbeiten* 31

Übersicht 4: *Erste Eingrenzung des Themas einer wissenschaftlichen Arbeit durch Schlagworte* 39

Übersicht 5: *Phasen des Prozesses der Entstehung einer wissenschaftlichen Arbeit* 49

Übersicht 6: *Mögliche Arten der Gliederung für wissenschaftliche Arbeiten* 55

Übersicht 7: *Ansicht verschiedener Gliederungsformen* 55

Übersicht 8: *Systematische Darstellung der Forschungsrichtungen eines Wissenschaftsbereiches als Beispiel für mögliche Ansatzpunkte zur weiteren Präzisierung von Themen aus dem Bereich „Umweltökonomie"* 66

Übersicht 9: *Konkretisierung der Anforderungen an das zu bearbeitende Thema einer Seminar-, Bachelor-/Master- (Diplom-) und Doktorarbeit* 76

Übersicht 10: *Grundtypen von Fragestellungen wissenschaftlicher Arbeiten* 94

Übersicht 11: *Vom Thema zur Forschungsfrage: Entwicklungsstufen als Prüfkriterien für die Relevanz einzelner schriftlicher Ausarbeitungen* 97

Übersicht 12: *Leitlinien für das Verfassen des Textes einer wissenschaftlichen Arbeit* 101

Übersicht 13: *Argumentationsstruktur für das Verfassen des Textes einer wissenschaftlichen Arbeit* 101

Übersicht 14: Systematik zitierfähiger Literaturquellen
für wissenschaftliche Arbeiten 105

Übersicht 15: Gängige Abkürzungen zur Dokumentation
von Fundstellen 116

Übersicht 16: Kriterien zur Überarbeitung der Gliederung
einer wissenschaftlichen Arbeit... 121

Übersicht 17: Grafische Darstellung einer wissenschaftlichen Arbeit zur
Nachvollziehbarkeit der einzelnen Argumentationsschritte
Beispiel: „Anwendung der Wertanalyse im
Dienstleistungsbereich" 124

Übersicht 18: Kriterien zur Überprüfung der Logik des Aufbaus und der
Nachvollziehbarkeit von Gliederung und Inhalt einer
wissenschaftlichen Arbeit 126

Übersicht 19: Kriterien zur Formulierung von Einleitung und Schluss
einer wissenschaftlichen Arbeit... 133

Übersicht 20: Inhalt und Einteilungsmöglichkeiten des Titelblattes
einer wissenschaftlichen Arbeit... 136

Übersicht 21: Erforderliche Korrekturen und Nacharbeiten
an der Endfassung.. 145

Übersicht 22: Bewertungskriterien für Seminararbeiten 148

Übersicht 23: Einfluss der Bewertungskriterien auf die Benotung
von Seminararbeiten... 149

Übersicht 24: Bewertungskriterien für Bachelor- und Masterarbeiten
(Diplomarbeiten) 151

Übersicht 25: Beispiel eines bereits für die Erstellung des
Dissertationsexposés anwendbaren Bewertungsrasters 153

Übersicht 26: Bewertungskriterien für die mündliche Doktorprüfung......... 155

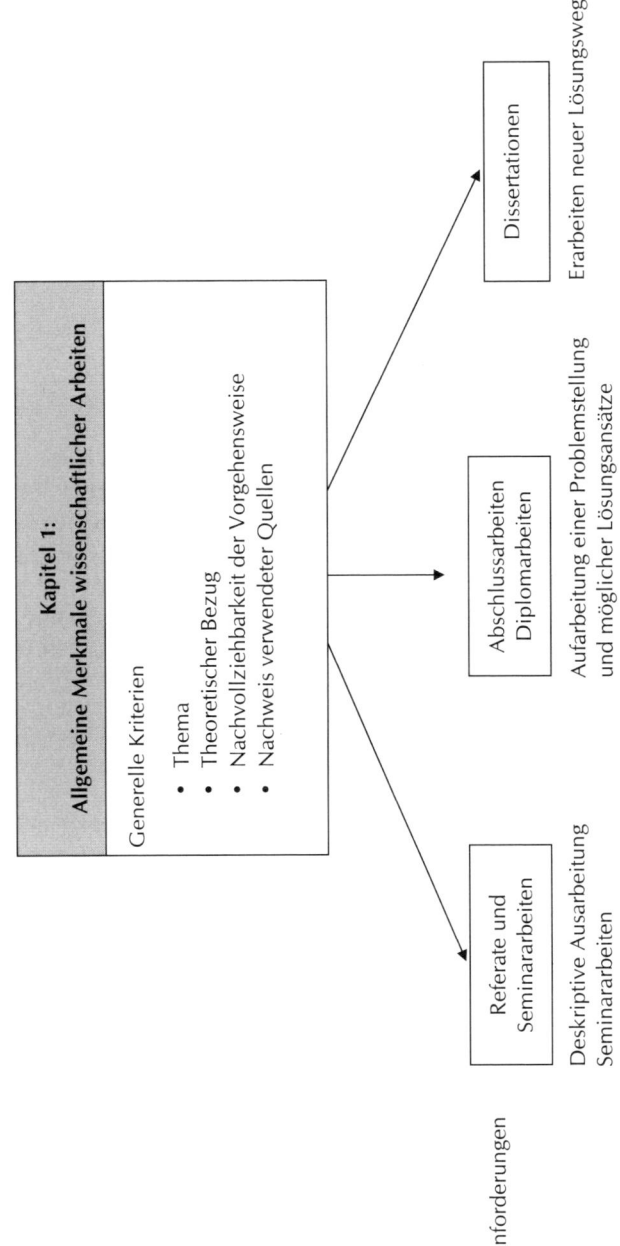

1. Allgemeine Merkmale wissenschaftlicher Arbeiten

Wissenschaftliche Arbeiten richten sich nicht an eine breite Leserschaft, sondern an die Fachöffentlichkeit. Das in den Lehrbüchern enthaltene Grundwissen zu kennen, stellt eine Voraussetzung dar, die gleichermaßen für Autoren und interessierte Leser wissenschaftlicher Texte gilt. Eine Arbeit kann als wissenschaftlich gelten, wenn sie

- einem Fachgebiet zugeordnet ist,
- die Terminologie des Fachgebietes korrekt verwendet und
- weitere Konventionen und Richtlinien erfüllt.[1]

Wenn diese Anforderungen auf den ersten Blick banal erscheinen, so setzen sie doch den Rahmen für das Merkmal, das jede wissenschaftliche Arbeit – egal ob Referat, **Seminar-, Bachelor-, Master- (Diplom-) oder Doktorarbeit** – kennzeichnet: die **Eigenleistung** ihres bzw. ihrer Autoren. Diese Eigenleistung bezieht sich bei Referaten und **Seminararbeiten** hauptsächlich auf Darstellung und Diskussion eines Themas.[2] Bei **Bachelor- und Masterarbeiten (Diplomarbeiten)** und bei der **Doktorarbeit** steht dagegen die Originalität der Darstellung und der eigenen Gedankenführung im Vordergrund.

Obwohl die Eigenleistung das Hauptmerkmal wissenschaftlicher Reflexion darstellt, wird in keiner wissenschaftlichen Arbeit die Ich-Form verwendet.[3] Bescheidenheit in Bezug auf die eigene Leistung, Unvoreingenommenheit als Grundeinstellung und Objektivität der Beurteilung zeichnen Autoren wissenschaftlicher Arbeiten und deren Schreibstil aus.[4] Die eigenen Darlegungen müssen auf der bestehenden Literatur aufbauen, auch wenn ein neuer Gedanke vorbereitet wird. Der lückenlose Nachweis, auf welche Quellen die eigene Argumentationsführung gestützt wird, ist ein weiteres konstitutives Merkmal wissenschaftlichen Arbeitens. **Korrektes Zitieren** der verwendeten Literatur stellt eine nicht zu unterschätzende Anforderung an wissenschaftliches Arbeiten dar. Jede wissenschaftliche Arbeit muss ein **Quellenverzeichnis** enthalten,

---

[1] Vgl. Ebster, Claus/Stalzer, Lieselotte: Wissenschaftliches Arbeiten für Wirtschafts- und Sozialwissenschaftler, Wien 2003, S. 92-94

[2] Vgl. Bänsch, Axel: Wissenschaftliches Arbeiten, München 2003, S. 28

[3] Vgl. ibidem, S. 22

[4] Vgl. Scholz, Dieter: Diplomarbeiten normgerecht verfassen, Würzburg 2001, S. 85

in dem alle zitierten Quellen aufgeführt sind. Dieses dient zum einen dem Nachweis, auf welchen Veröffentlichungen die eigene Arbeit gründet. Es ist aber vor allem Beleg dafür, wie umfassend man sich mit der abgehandelten Thematik auseinandergesetzt hat.

Eigenleistung, Literaturbelege (Zitieren) und Nachweis (Quellenverzeichnis) sind Merkmale, die jede wissenschaftliche Arbeit in jeder Wissenschaftsdisziplin gleichermaßen und ohne Einschränkungen aufweisen muss. Je nach Art der Arbeit und des Wissenschaftsbereichs sind unterschiedliche Anforderungen an die **Gliederung der Arbeit** zu richten.[5] Die Gliederung muss die mit dem Thema geweckten Erwartungen erfüllen, einen Einblick in die Vorgehensweise und die Schwerpunkte vermitteln und das Interesse des Lesers wecken. Jede Gliederung weist drei Bestandteile auf:[6] Einleitung (Einordnung des Themas), Hauptteil (Bearbeitung des Themas) und Schluss (Zusammenfassung und Würdigung der Ergebnisse).

Eigenleistung, korrektes Zitieren, Quellenverzeichnis und Gliederung sind Kennzeichen einer wissenschaftlichen Arbeit und heben diese von anderen Veröffentlichungen (Erzählungen, Romane, Zeitungsartikel) ab.

1.1 Allgemeine Anforderungen an wissenschaftliches Arbeiten

Wie aus den einleitenden Ausführungen hervorgeht, sind wissenschaftliche Arbeiten durch sprachliche (Objektivität, Bescheidenheit) und inhaltliche Besonderheiten (Quellennachweise) gekennzeichnet. Wissenschaft heißt aber auch:

• Theorie (Erklärungsmodell)

• Allgemeingültigkeit der Aussagen

• Erkenntnisfortschritt (Zweck)

Die Anforderung an eine theoretische Grundlage ist je nach Art der Arbeit unterschiedlich. Je weniger man sich mit dem Stand der Forschung auseinandersetzen muss, um zur Bearbeitung des Themas der eigenen Arbeit vorzudringen, d. h. je mehr man sich auf dem Gebiet des als gesichert geltenden Wissens befindet, desto eher kann man auf ein bestehendes Modell zurückgreifen.

---

[5] Vgl. Preißner, Karl-Heinz: Die Gliederung – verkürztes Spiegelbild der wissenschaftlichen Arbeit, in: Wirtschaftswissenschaftliches Studium (WiSt), 11/1993, S. 593-595

[6] Vgl. Niederhauser, Jürg: Die schriftliche Arbeit, Mannheim 2000

Aus der vorhandenen Literatur ergeben sich dann sehr konkrete Anhaltspunkte zur Strukturierung eines (im Falle von Referaten und **Seminararbeiten**) meist vorgegebenen Themas. In den frühen Stadien wissenschaftlichen Arbeitens kommt es daher entscheidend darauf an, die **Fähigkeit zur kritischen Auseinandersetzung mit der Literatur** zu erwerben und diese in eine eigenständige Vorgehensweise und Darstellung, insbesondere in Form einer selbst entwickelten, nicht der (Lehrbuch-)Literatur entliehenen Gliederung umzusetzen.

Die Forderung der **Allgemeingültigkeit** der Aussagen einer wissenschaftlichen Arbeit[7] erlangt vor allem bei empirischen Arbeiten Bedeutung. Theoretische Modelle zeichnen sich immer durch einen Abstraktionsgrad aus. Die daraus abzuleitenden Erkenntnisse können nur im Rahmen der Modellprämissen Gültigkeit beanspruchen. Bei der Beurteilung der Ergebnisse ist der Realitätsgehalt der Prämissen zu berücksichtigen. Für wissenschaftliche Arbeiten, die aus einem Theorie- und einem Praxisteil bestehen, bedeutet und erfordert Allgemeingültigkeit die **Repräsentativität der Untersuchung**. Eine Beschäftigung mit Einzelfällen, aus denen – z. B. wegen zu geringer Fallzahl – keine generellen Erkenntnisse gewonnen werden können, ist nicht ausreichend. Wird dieser Punkt nicht genügend beachtet, kann die Arbeit allein aus diesem Grund das Merkmal der Wissenschaftlichkeit verlieren.

Jede wissenschaftliche Arbeit soll dem **Fortschritt der Wissenschaft** (Erkenntnisfortschritt) dienen. Dieser radikal erscheinende Anspruch wird in der Wirklichkeit meist so ausgelegt, dass jede Arbeit einen **Neuigkeitsgehalt** aufweisen muss. Dies wird unbedingt gefordert bei Dissertationen, weniger, wenn auch zunehmend bei Bachelor- und Masterarbeiten (Diplomarbeiten) und kann bei Referaten und **Seminararbeiten** überhaupt nicht vorausgesetzt werden. Angesichts der Tatsache, dass wissenschaftliches Arbeiten mühevoll ist und Erkenntnisfortschritte nur selten revolutionär sind, ist der Anspruch an den Fortschritt meist bescheiden und wird in den meisten Fällen durch einen aus der Arbeit resultierenden **Wissenszuwachs** erfüllt.[8]

Durch eine kritische Auseinandersetzung mit der vorhandenen Literatur, die in einer selbständig entwickelten Gliederung ihren Ausdruck findet, die theoretische Fundierung der gewählten Vorgehensweise, das Bemühen um eine Verallgemeinerung der Ergebnisse sowie deren abschließende bescheidene Beurteilung werden die Anforderungen an wissenschaftliches Arbeiten im Allgemeinen erfüllt.

---

[7] Vgl. Preißner, Andreas: Wissenschaftliches Arbeiten, München 1998, S. 2

[8] Vgl. Scholz, Dieter: Diplomarbeiten normgerecht verfassen, Würzburg 2001, S. 85

1.2 Arten wissenschaftlicher Arbeiten

Die Mehrzahl der **Seminar-, Bachelor- und Masterarbeiten (Diplomarbeiten)**, die am Anfang jeder „wissenschaftlichen Karriere" stehen, existiert als sog. „Graue Literatur" und ist der Fachöffentlichkeit nicht bzw. nur eingeschränkt zugänglich. Die allgemeinen Anforderungen an diese Art wissenschaftlicher Arbeiten unterscheiden sich jedoch nicht grundlegend von den Anforderungen, die an allgemein zugängliche Werke gestellt werden. Ein Student, der sich der Mühe einer derartigen Ausarbeitung unterziehen muss, sollte dies in dem Bewusstsein angehen, dass die fertige Arbeit eine Art Visitenkarte darstellt, die für ihn umso wichtiger ist, solange er noch keine besonders dokumentierten Kenntnisse – z. B. in Form von Zusatzqualifikationen oder Berufs-/ Führungserfahrung – aufweisen kann. Bereits seine erste in Eigenleistung zu erstellende Ausarbeitung sollte man daher thematisch zielgerichtet wählen und als Investition in die eigene Zukunft ansehen. Eine systematische und berufszielorientierte Planung der eigenen Ausbildung, deren Entwicklung anhand eigener Arbeiten dokumentiert wird, ist einzigartig und besser als eine Vielzahl der gut gemeinten Ratschläge, die in den vielen Bewerbungsratgebern für Berufseinsteiger erteilt werden.

1.2.1 Seminararbeit und Referat

Jeder Student wird mit Sicherheit vor der Aufgabe stehen, ein Thema zu bearbeiten und Kommilitonen in einem Kurs oder Seminar vorzutragen.[9] An den Vortrag schließt sich eine Diskussion an, die vom Vortragenden geleitet und moderiert wird.

Neben der schriftlichen Ausarbeitung muss der mündliche Vortrag zeitlich geplant und einstudiert werden. Für die Zuhörer sind Präsentationsmaterialien zu entwickeln und möglicherweise Tischvorlagen zu erstellen, um die Konzentration auf den Vortrag zu lenken und vom „lästigen Mitschreiben" zu entlasten.

Während es in der **Seminararbeit** darum geht, ein gegebenes Thema in seine wesentlichen Punkte zu gliedern und diese verständlich auszuformulieren, enthalten Präsentationsmaterialien und Tischvorlagen Informationen „im Zeitraffer", die die wesentlichen Punkte für die Erarbeitung des Themas z. B. zur Vorbereitung auf eine Klausur beinhalten. Jeder sollte sich daher bei der Ausarbeitung nicht nur der Textfassung sondern auch der weiteren Unterlagen für

---

[9] Vgl. Boehncke, Heiner: Vom Referat bis zur Examensarbeit, Niedernhausen 2000

Kommilitonen soviel Mühe machen, wie er auch von den anderen erwartet, dass deren Seminarthemen verständlich und erschöpfend dargestellt werden. Die Qualität des mündlichen Vortrags der Arbeit (das Referat) beeinflusst Umfang und Verlauf der anschließenden Diskussion. Der Referent und Diskussionsleiter hat hier nicht nur zu beweisen, dass er das Vortragsthema über die bisherigen schriftlichen und mündlichen Darlegungen hinaus beherrscht. Er muss auch in der Lage sein, das erarbeitete überlegene Wissen in eine führende und moderierende Rolle beim anschließenden wissenschaftlichen Disput umzusetzen.

Literaturarbeit mit anschließender Präsentation und Diskussion der Ergebnisse stellen den Einstieg in das wissenschaftliche Arbeiten dar. Als Grundlage für eine erfolgreiche Bachelor-, Master- (Diplom-) und später Doktorarbeit sind der Erwerb und die Übung der entsprechenden Fähigkeiten unerlässlich. Dies erfolgt am besten durch die Ausarbeitung von **Seminararbeiten** und Referaten unter Prüfungsbedingungen.

1.2.2 Bachelorarbeit/Masterarbeit (Diplomarbeit/Magisterarbeit)

Die Bachelor-/Masterarbeit (Diplomarbeit bzw. Magisterarbeit) ist die in allen Bachelor-/Masterstudiengängen (Diplom- und Magisterstudiengängen) durch die Prüfungsordnungen vorgeschriebene wissenschaftliche Abschlussarbeit (nachfolgende Ausführungen zur Bachelor-/Masterarbeit gelten entsprechend auch für die Diplom-/Magisterarbeit). Die Tatsache, dass die Bachelor-/ Masterarbeit in der Regel am Ende des Studiums verfasst wird, führt zu folgenden wichtigen Konsequenzen:

• die Bachelor-/Masterarbeit bildet den krönenden Abschluss eines langjährigen Studiums

• sie markiert den Übergang von der Ausbildung in den Beruf

• sie führt (zusammen mit der Bachelor-/Masterprüfung in den einzelnen Fächern) zur Verleihung eines Titels

• sie kann die erste eigene Veröffentlichung, z. B. in Form eines Buches, sein.

Jeder Student sollte sich die Einzigartigkeit seiner Bachelor-/Masterarbeit bewusst machen und erste Überlegungen schon frühzeitig beginnen. Dies betrifft insbesondere die Eingrenzung möglicher Themenschwerpunkte sowie die Entscheidung für eine eher theoretische oder stärker empirisch orientierte Ausrichtung der Bachelor-/Masterarbeit. Auch besondere eigene Fähigkeiten sollten eingebracht werden, z. B. Fremdsprachenkenntnisse für internationale Vergleiche oder Computer- und Programmierkenntnisse zur Durchführung und Auswertung von Erhebungen. Jede Themenstellung muss jedoch von dem Lehrstuhl, an dem sie betreut werden soll, auch angenommen werden. Deswegen müssen insbesondere eigene Themenvorschläge unbedingt mit dem Lehrstuhl abgestimmt werden. Aufgrund der Erfahrung der Betreuer wird das Thema dann gemeinsam so formuliert, dass es in der vorgegebenen Zeit auch erfolgreich bearbeitet werden kann.

1.2.3 Doktorarbeit (Dissertation)

Die **Doktorarbeit** unterscheidet sich von der Bachelor-/Masterarbeit vor allem dadurch, dass das Thema der Dissertation nicht im Vorfeld festgelegt wird. Die Festlegung des Themas ist Bestandteil der Doktorarbeit. Das zu bearbeitende Thema muss aus seinem Gesamtzusammenhang herausgelöst werden, damit es präzise formuliert werden kann. Im Zentrum der Dissertation steht die Beantwortung der Forschungsfrage, die zu neuen Erkenntnissen und einem Beitrag zum Fortschritt der Wissenschaft führen muss. Häufig gelangt man erst nach umfangreichem Studium der vorhandenen Literatur zu Ansatzpunkten für neue Erkenntnisse. Darauf bezieht sich die präzise formulierte Forschungsfrage. Die darüber liegende Themenstellung soll die Einbettung der Forschungsfrage in einen Gesamtzusammenhang herstellen und ist allgemeiner formuliert.

1.2.4 Weitere wissenschaftliche Arbeiten

Nur der Vollständigkeit halber sei erwähnt, dass das Verfassen von Artikeln in wissenschaftlichen Zeitschriften einen wesentlichen Teil wissenschaftlichen Arbeitens darstellt.[10] Diese sind exzellent, bisweilen brillant geschrieben und bilden den erschöpflichsten Fundus für Literaturrecherchen. Habilitationsschriften zur Erlangung der venia legendi verfolgen den Anspruch, den aktuellen Stand eines Wissenschaftsbereiches umfassend wiederzugeben. Aufgrund der Vielzahl der in Habilitationsschriften angeführten Quellen können diese eine gute Grundlage für das Auffinden relevanter Literatur sein. Lehrbücher und Kompendien stellen Grundlagenliteratur dar, auf die bisweilen verwiesen werden kann, die jedoch im Wesentlichen das für die wissenschaftliche Bearbeitung von Themen notwendige Grundwissen vermitteln.

---

[10] Vgl. Ebster, Claus/Stalzer, Lieselotte: Wissenschaftliches Arbeiten für Wirtschafts- und Sozialwissenschaftler, Wien 2003, S. 44

1.3 Anforderungsniveaus der unterschiedlichen Arbeiten

Jede wissenschaftliche Arbeit hat die beschriebenen allgemeinen Merkmale aufzuweisen und den allgemeinen Anforderungen zu genügen. Daneben weisen die einzelnen wissenschaftlichen Arbeiten unterschiedliche, aufeinander aufbauende Anforderungen auf. Jede Arbeit kann als Vorstufe der nächstfolgenden angesehen werden. Das bedeutet, dass auf jeder Stufe Kenntnisse und Fähigkeiten erworben bzw. vertieft werden, die für die nächste Stufe Voraussetzung sind. So wäre es beispielsweise sinnlos, die Diplomarbeit im Grundstudium anzufertigen oder eine Promotion ohne abgeschlossenes Studium anzustreben.

Die Fähigkeit, den jeweiligen Niveaus entsprechen zu können, macht fortschreitenden Erwerb von Kenntnissen und Erfahrungen erforderlich, weil mit jeder Stufe ein höherer Abstraktionsgrad der Aufgabenstellung und damit höhere Ansprüche an die Eigenleistung des Verfassers gerichtet werden.

Eine **Seminararbeit** ist Teil eines Oberthemas, das vom Seminarleiter in Einzelthemen gegliedert wurde. Die Erarbeitung des Einzelthemas als Teilaspekt des Oberthemas ist Gegenstand der Arbeit. Dabei kommt es darauf an, die wesentlichen Aspekte des Themas herauszuarbeiten und ihrer Bedeutung entsprechend darzustellen. In der zusammenfassenden Darstellung des Wesentlichen und angemessener Schwerpunktsetzung der Teilaspekte besteht die Leistung einer **Seminararbeit**. Angesichts der begrenzten Seitenvorgabe sollte das Quellenverzeichnis eine Seite nicht überschreiten. Der Zeitrahmen für die Bearbeitung ist durch das Seminarprogramm klar vorgegeben und beträgt wenige Wochen.

Bei einer **Bachelor-/Masterarbeit** handelt es sich um eine in sich geschlossene Fragestellung, die den Charakter eines Projektes aufweist. Die Projektorientierung der Bachelor-/Masterarbeit ist für viele Unternehmen Anlass, Themen aus der Praxis zur Bearbeitung anzubieten. Bei einer Bachelor-/Masterarbeit liegt der Schwerpunkt auf möglichen Lösungen für eine thematisch gut einzugrenzende Fragestellung sowie der Bildung eines abschließenden Urteils. Voraussetzung für eine Bachelor-/Masterarbeit ist die Kenntnis des in den Vorlesungen und Seminaren im Studium vermittelten Wissens und die Fähigkeit, dieses Wissen anzuwenden. Die Bachelor-/Masterarbeit enthält eine Einleitung und einen Schluss, anhand derer sich der flüchtige Leser einen Eindruck über Zielsetzung, Inhalt und Ergebnis der Untersuchung bilden kann. Bachelor-/Masterarbeitsthemen sind in der Regel so bemessen, dass sie auf deutlich unter 100 Seiten zu bearbeiten sind. Aufgrund der relativ engen Eingrenzung der

Problemstellung sollte der Nachweis von 30 relevanten Quellen bereits ausreichend sein. Die Bearbeitungsdauer beträgt drei oder sechs Monate. Einzelheiten sind in den Prüfungsordnungen verbindlich geregelt.

Die auf die Masterarbeit (Diplomarbeit) folgende wissenschaftliche Arbeit, die **Doktorarbeit**, ist durch eine Promotionsordnung reglementiert. Ausgangspunkt jeder Promotion ist das Finden eines Doktorvaters, der die Arbeit in der Folgezeit betreut. Die Promotionszeit dauert im Allgemeinen mehrere Jahre und wirkt lebensprägend.

In der folgenden Übersicht sind die, die jeweiligen Arbeiten kennzeichnenden, Leistungsmerkmale und der für Seminar-, Bachelor-/Master- (Diplom-) und Doktorarbeit einzuplanende Aufwand dargestellt.

Art der Arbeit	Seminararbeit	Bachelor-/Master-Diplomarbeit	Dissertation
Anforderungen	Deskriptive Ausarbeitung und Darstellung von Inhalten	Aufarbeitung einer Problemstellung und möglicher Lösungsansätze	Erarbeiten neuer Lösungswege
Zusammenhang	Einzelproblemstellung	Abgegrenzte Problemstellung	Abzugrenzende Problemstellung (Forschungsfrage)
Zu verarbeitende Quellen	Grundlegende Literatur zum Thema	Grundlegende Literatur Weiterführende Literatur	Weiterführende Literatur Literatur zu Detailproblemen
Umfang ca.	5 bis 10 Quellen 10 bis 15 Seiten	20 bis 30 Quellen 60 bis 80 Seiten	> 150 Quellen > 150 Seiten
Zeitrahmen	Wochen	Monate	Jahre

Übersicht 1:   Anforderungsprofile von Seminar-, Bachelor-/Master- (Diplom-) und Doktorarbeiten

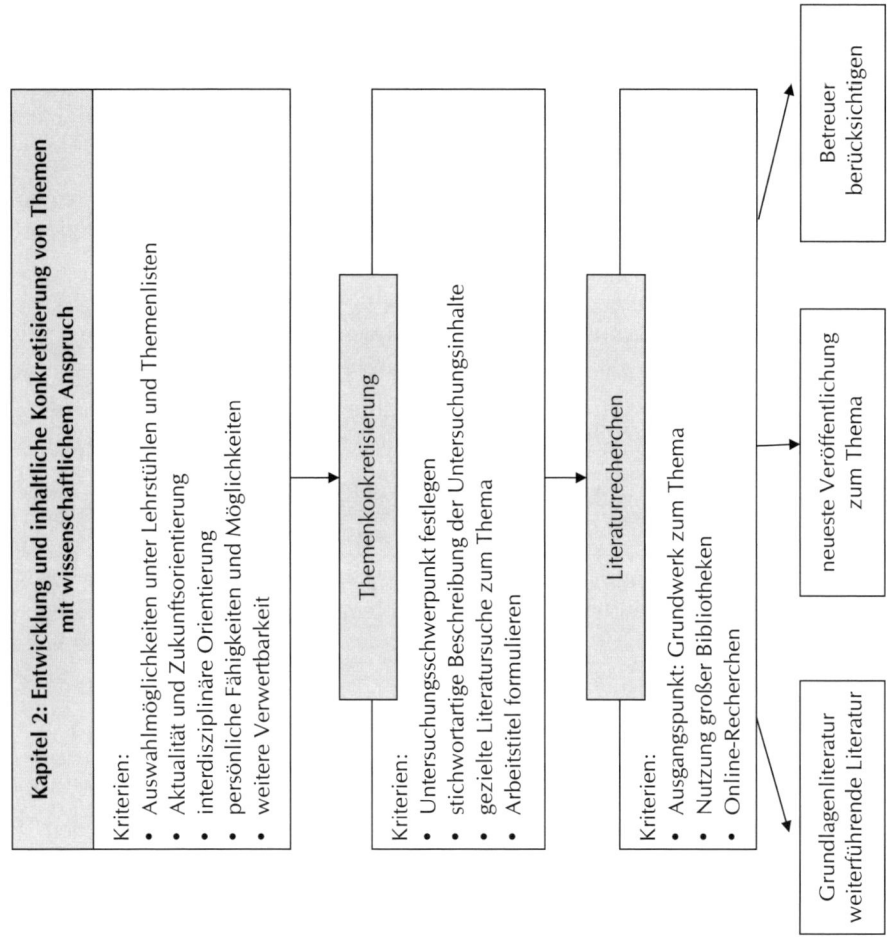

Kapitel 2: Entwicklung und inhaltliche Konkretisierung von Themen mit wissenschaftlichem Anspruch

Kriterien:
- Auswahlmöglichkeiten unter Lehrstühlen und Themenlisten
- Aktualität und Zukunftsorientierung
- interdisziplinäre Orientierung
- persönliche Fähigkeiten und Möglichkeiten
- weitere Verwertbarkeit

Themenkonkretisierung

Kriterien:
- Untersuchungsschwerpunkt festlegen
- stichwortartige Beschreibung der Untersuchungsinhalte
- gezielte Literatursuche zum Thema
- Arbeitstitel formulieren

Literaturrecherchen

Kriterien:
- Ausgangspunkt: Grundwerk zum Thema
- Nutzung großer Bibliotheken
- Online-Recherchen

Grundlagenliteratur weiterführende Literatur

neueste Veröffentlichung zum Thema

Betreuer berücksichtigen

2. Entwicklung und inhaltliche Konkretisierung von Themen mit wissenschaftlichem Anspruch

2.1 Abgrenzung des Möglichkeitenraums (verfügbare Themen)

Bereits seine erste wissenschaftliche Arbeit sollte man in dem Bewusstsein angehen, dass damit Eigendarstellung verbunden ist, die man für seine weitere persönliche und berufliche Entwicklung betreibt. Deswegen muss abgeklärt werden, welche Möglichkeiten ein Seminar oder ein Lehrstuhl an interessanten, zukunftsorientierten Themen bietet. Mit einer schriftlichen Arbeit wird später nachgewiesen, dass man schon frühzeitig im Studium die Bedeutung bestimmter Themen erkannt und sich damit beschäftigt hat. Angesichts der zunehmenden Interdisziplinarität wissenschaftlicher Forschung ist es empfehlenswert, das Thema so zu wählen, dass es in mehreren Wissenschaftsbereichen Interesse weckt.

Bei **Seminararbeiten** handelt es sich grundsätzlich um vorgegebene Themen, innerhalb derer – in Konkurrenz mit den anderen Seminarteilnehmern – Wahlmöglichkeiten bestehen, nicht aber in der Formulierung des Themas selbst. Sofern man die Möglichkeit hat, zur Erbringung der Leistungsnachweise zwischen verschiedenen Seminaren zu wählen, kann man u. U. einem unliebsamen Thema ausweichen. Im Großen und Ganzen ist man aber an vorgegebene Themen gebunden und kann eigene Schwerpunkte allenfalls innerhalb dieses Rahmens setzen.

Größerer Gestaltungsspielraum besteht beim Verfassen der **Bachelor-/Masterarbeit (Diplomarbeit)**, die schon aufgrund ihres Umfangs höhere Anforderungen an die Gliederung stellt. Dennoch ist auch hier keine freie Wahl des Themas möglich. Eigene Themenvorschläge werden fast immer durch besondere Vorstellungen des Betreuers oder auch durch Vorschriften der Prüfungsordnung beeinflusst. Dies stellt jedoch meist einen Vorteil dar, da durch Vorschriften und Erfahrungen die Themenstellungen so ausgelegt werden, dass sie vom Bearbeiter erfolgreich bewältigt werden können. Selbst wenn man eigene Interessen als das erste Kriterium ansetzt[11], sollte man sich bei der Themenwahl auch von der an vielen Lehrstühlen vorhandenen „Liste möglicher Bachelor-/Masterarbeitsthemen" oder von den zum Teil auch im Internet von Un-

---

[11] s. dazu Bänsch, Axel: Wissenschaftliches Arbeiten, München 2003, S. 33

ternehmen zur Bearbeitung angebotenen Themen inspirieren lassen. Keinesfalls sollte die Auswahl oder gar die Übernahme eines Bachelor-/Masterarbeitsthemas (Diplomthemas) unvorbereitet erfolgen, wie dies bei **Seminararbeiten** häufiger der Fall ist.

Bei der **Doktorarbeit** ist die Festlegung des Promotionsthemas originärer Bestandteil der Aufgabe. Ein Doktorand sucht zu Beginn der Promotion nach einem Thema. Das zu bearbeitende Thema muss aus seinem Gesamtzusammenhang herausgelöst werden, damit es präzise formuliert werden kann. Folglich kann sich der Titel einer Arbeit mit zunehmender Einarbeitung ändern, je mehr das Thema an Kontur gewinnt und sich damit Klarheit über die inhaltlichen Schwerpunkte entwickelt.

In der folgenden Übersicht sind die Entwicklungsprozesse der dargestellten Arten wissenschaftlicher Arbeiten zusammengestellt. Aus der Tabelle wird ersichtlich, dass jeder wissenschaftlichen Arbeit eine Problem- oder Fragestellung zugrunde liegen muss. Daraus lässt sich eine einheitliche Grundstruktur wissenschaftlichen Arbeitens bilden, die für **Seminar-, Bachelor-, Master- (Diplom-) und Doktorarbeiten** gleichermaßen gilt. Lediglich der Abstraktionsgrad der Fragestellung variiert nach der Art der Arbeit. Während sich bei **Seminararbeiten** das vorgegebene Thema zur Frage umformulieren lässt und die Bearbeitungsschwerpunkte bei ausreichendem Literaturstudium festzustellen sind, kann das Thema einer Bachelor-/Masterarbeit (Diplomarbeit) zur Formulierung unterschiedlicher Fragestellungen führen, so dass entweder Schwerpunktsetzungen oder Begrenzungen auf einzelne Aspekte vorgenommen werden müssen[12]. Die Anforderungen an die Eigenleistung umfassen hier auch eigene Schwerpunktsetzung im Aufbau und in der Gliederung der Arbeit. Bei der Dissertation wird die Themenbildung als revolvierender Prozess im Wechsel mit der Erarbeitung der Forschungsfrage entwickelt.

Die möglichst präzise Formulierung der wissenschaftlichen Fragestellung ist Grundlage jeder wissenschaftlichen Arbeit.[13] Die Konkretisierung des Themas durch eine relevante, im Rahmen der jeweiligen Arbeit zu bewältigende Fragestellung stellt an **Seminararbeiten** mittlere, an **Bachelor-/Masterarbeiten** (Diplomarbeiten) höhere und an **Doktorarbeiten** höchste Anforderungen. Die Formulierung der Forschungsfrage einer Dissertation kann als ebenso schwie-

---

[12] Vgl. die Beispiele für die einem Thema zugeordneten Mehrfachfragestellungen bei Ebster, Claus/Stalzer, Lieselotte: Wissenschaftliches Arbeiten für Wirtschafts- und Sozialwissenschaftler, Wien 2003, S. 38

[13] Vgl. Ebster, Claus/Stalzer, Lieselotte: Wissenschaftliches Arbeiten für Wirtschafts- und Sozialwissenschaftler, Wien 2003, S. 38

rig angesehen werden wie deren Beantwortung im Rahmen der schriftlichen Ausarbeitung. In der folgenden Übersicht werden die unterschiedlichen Konzepte, die Seminar-, Bachelor-/Master- (Diplom-) und Doktorarbeiten zugrunde liegen, in zusammengefasster Form gegenübergestellt.

Art der Arbeit	Seminararbeit	Bachelor-/Master-(Diplom-)arbeit	Doktorarbeit
Mögliche Herangehensweise	Auswahl aus vorgegebenen Themen	Auswahl möglicher Themen und eigene Ideen	Kreation eines eigenen Themas
Zusammenhang	Vom Thema zum Problem	Von der Frage zum Thema	Vom Thema zur Frage, von der Frage zum Thema
Entwicklungsprozess (Bezug zwischen Fragestellung und Thema)	Einseitig (Fragestellung ergibt sich aus dem vorgegebenen Thema)	Wechselseitig (Thema lässt eigene Schwerpunktsetzungen bei der Formulierung der Fragestellung zu)	Revolvierend (Konkretisierung von Thema und Fragestellung im Forschungsprozess)
Hauptprobleme	Setzung von Schwerpunkten, Konzentration auf das Wesentliche	Zielorientierung, Akzeptanz eigener Ideen, Begrenzung der Fragestellung	Relevanz der Fragestellung, Beitrag zum Fortschritt der Wissenschaft
Zielsetzung	Erarbeitung von Grundlagenwissen, Schaffung von Problembewusstsein	Anwendung erworbenen Wissens zur Problemlösung	Weiterentwicklung bestehenden Fachwissens zu neuen Erkenntnissen

Übersicht 2: Grundkonzeptionen für Seminar-, Bachelor-/Master- (Diplom-) und Doktorarbeiten

2.2 Eigene Präferenzen

Die Orientierung an persönlichen Vorlieben bzw. Stärken bei der Themenwahl wird bisweilen als das erste Auswahlkriterium angesehen.[14] Gute Arbeiten entstehen zwar vor allem auf den Gebieten, in denen man seine Stärken einsetzen kann. Wir empfehlen aber insbesondere Kriterien wie Aktualität, interdisziplinäres Interesse und Zukunftsorientierung als Maßstab für die Themenwahl. Dadurch erweist man sich als flexibel und offen für neue Probleme.

Persönliche Möglichkeiten und Fähigkeiten spielen darüber hinaus eine Rolle und erweitern oder beschränken den Raum der Wahlmöglichkeiten, wenn spezifische Kenntnisse, z. B. Praxisorientierung, Fremdsprachen oder mathematische Formalisierung, eingesetzt werden können bzw. erforderlich sind.

Durch die Orientierung an diesen Kriterien beweist man Eigeninitiative und den Blick für das Wichtige. Gleichzeitig hält man sich für den späteren Berufseinstieg umso mehr Perspektiven offen, je weniger man diese durch die Bearbeitung „uninteressanter Themen" einengt. Die Frage „Wie viel Literatur gibt es zu einem Thema?" sollte daher umformuliert werden in „Wie kann ich mich mit einem Thema profilieren?"

Selbst wenn man schon relativ klare Vorstellungen über sein künftiges Berufsziel hat und z. B. Steuerberater oder Wirtschaftsprüfer werden will, kann es bisweilen von Vorteil sein, wenn man sich im Studium auch mit fachübergreifenden Problemen beschäftigt hat. So wurde z. B. vor einigen Jahren im schriftlichen Wirtschaftsprüferexamen eine Abhandlung über das Coase-Theorem verlangt.

Generell kann davon ausgegangen werden, dass die persönlichen Präferenzen in der Wahl der Studienschwerpunkte zum Ausdruck gebracht werden. Damit wird auch der Rahmen für Referate und Seminararbeiten abgesteckt. Die Bachelor-/Masterarbeit (Diplomarbeit) sollte sinnvoller Weise auch in einem der Studienschwerpunkte verfasst werden. Es spricht jedoch nichts gegen eine Bachelor-/Masterarbeit (Diplomarbeit) aus dem Bereich des Kernstudiums, sofern das gewählte Thema aktuell, von interdisziplinärem Interesse und zukunftsorientiert ist.

---

[14] so bei Bänsch, Axel: Wissenschaftliches Arbeiten, München 2003, S. 33

2.3 Weitere Verwertbarkeit (allgemeines Interesse)

An Inhalt und äußere Form schriftlicher Arbeiten werden inzwischen Anforderungen gestellt, die den Einsatz modernster Technik zwingend erforderlich machen. Angesichts dieses notwendigen Aufwandes, der nicht selten mit erheblichen Kosten verbunden ist, muss auch berücksichtigt werden, ob das Thema der **Seminar- oder Bachelor-/Masterarbeit (Diplomarbeit)** für eine weitere Verwendung, z. B. Präsentation im Internet, Veröffentlichung in Fachzeitschriften usw., geeignet und von Interesse sein könnte. Weiterhin wäre eine Unterstützung durch ein Unternehmen denkbar, wenn ein praktischer Nutzen aus der Arbeit resultiert. Bei der **Doktorarbeit** ist eine Veröffentlichung in Buchform inzwischen die Regel, so dass hier über die Publikation hinaus das Promotionsthema unter dem Aspekt der zukünftigen Berufschancen gewählt werden sollte. So wird ein Thema „Vergleichende Untersuchung der Rechnungslegungsvorschriften in der DDR und der BRD" möglicherweise eine Karriere als Wissenschaftler, aber wohl kaum das Entrée in das Rechnungswesen eines Konzerns begünstigen.

2.4 Anwendungsbeispiel zur Themenformulierung

Wissenschaftliches Arbeiten erfordert hohes persönliches Engagement von seinem Autor, das in jedem formulierten Satz einer Arbeit auch zum Ausdruck kommen soll. Persönliche Interessen sind daher ein entscheidendes Kriterium bei der Auswahl von Themen. Die Seminar-, Bachelor-/Master- (Diplom-) oder Doktorarbeit richtet sich jedoch in erster Linie an ein Fachpublikum.[15] Soll eine wissenschaftliche Arbeit das Interesse der Fachöffentlichkeit wecken, sollten bei der Formulierung eigener Themenvorschläge die folgenden Fragen positiv beantwortet und begründet werden:

Thema	Luxusgut Kind	Aktualität ?	✓
		Interdisziplinäres Interesse ?	✓
		persönliche Voraussetzungen ?	✓
		Verwertbarkeit (z. B. für spätere Tätigkeit) ?	✓

Übersicht 3: Kriterien zur Formulierung eigener Themenvorschläge für wissenschaftliche Arbeiten

[15] vgl. Ebster, Claus/Stalzer, Lieselotte: Wissenschaftliches Arbeiten für Wirtschafts- und Sozialwissenschaftler, Wien 2003, S. 92

Je nach Anforderungsniveau lassen sich aus dieser Vorauswahl verschiedene mögliche Themenstellungen ableiten, z. B.:

• Marktnischen in schrumpfenden Märkten

• Die Bedeutung des Online-Versands am Beispiel von Babyartikeln

• Probleme der steuerlichen Erfassung des Internethandels.

Damit sind die ersten Schritte der Suche und Eingrenzung einer geeigneten Themenstellung gegangen. Dieser Auswahlprozess ermöglicht ein problemorientiertes Literaturstudium und ist befriedigender als eine orientierungslose Literatursichtung auf der Suche nach einer geeigneten wissenschaftlichen Fragestellung. Auch lassen sich Internet-Recherchen treffsicherer gestalten, je konkreter die Suchbegriffe formuliert werden.

Bei der Themensuche sollte man nicht den Mut verlieren, wenn sich nicht sofort die geeigneten Quellen finden lassen. Man muss sich beständig klar machen, dass man das Ziel verfolgt, aus der verfügbaren Literatur eine Eigenleistung zu entwickeln. Dies kann auch bedeuten, dass die avisierte Problemstellung neu ausgerichtet werden muss, damit sie zu bewältigen ist. Ziel der Arbeit ist der Erkenntnisfortschritt. Dieser ist mühevoll und besteht oft nur in kleinen Schritten. Es ist empfehlenswert, die im Zuge der Literatursichtung gewonnenen Erkenntnisse auszuformulieren und aus diesen Fragmenten das Gerüst der Arbeit zu entwickeln. Literaturstudium ohne Umsetzung in die eigene Arbeit bringt Erkenntnisgewinn, aber keine konkreten Fortschritte. Wohl muss jede Arbeit eine gewisse Breite und Tiefe haben. Dies bildet sich aber im Entstehungsprozess heraus und ist nicht von vornherein vorhanden.

Um zu einem möglichen Thema nicht möglichst viele, sondern vielfältige Informationen zu finden, bietet sich eine weitere Strategie an:[16] wenn man von verschiedenen Ansatzpunkten für ein Thema ausgeht und daran die Literatursuche orientiert, erhält man einen Überblick über die allseits zitierte Standardliteratur sowie weitere Quellen, auf die immer wieder Bezug genommen wird.

---

[16] vgl. Niederhauser, Jürg: Die schriftliche Arbeit, Mannheim 2000, S. 9

2.5 Literatursuche

Hat man sein Thema ausgewählt bzw. vorformuliert, beginnt der Einstieg in die Literaturrecherche. Bei der bisherigen Beschäftigung mit dem Thema (Lehrbücher, Fachzeitschriften, Seminararbeiten) ist man mit Sicherheit auf die allseits zitierte Standardliteratur gestoßen. Diese und die dort jeweils aufgeführten Literaturverweise bilden Grundlage und Ausgangspunkt für die eigene Arbeit. Am Ende der Arbeit wird man erheblich mehr Quellen gelesen haben als man tatsächlich zitiert und in das Literaturverzeichnis aufgenommen hat.

2.5.1 Aufarbeitung der Grundlagenliteratur

Standardlehrbücher und grundlegende Artikel in Fachzeitschriften müssen herangezogen werden, um das für die eigene Arbeit notwendige Grundwissen aufzubereiten. Die Grundlagenliteratur sollte in ihrer ganzen Breite Berücksichtigung finden, weil z. B. Lehrbücher teilweise unterschiedliche Gewichtungen von Einzelaspekten aufweisen. Aus den verschiedenen Darstellungen der jeweiligen Autoren entwickelt sich ein eigenes Problemverständnis, das die Grundlage für eine eigenständige Vorgehensweise darstellt. Insbesondere in Artikeln in Fachzeitschriften findet man häufig sehr gelungene Gesamtdarstellungen und Zusammenfassungen, auf die verwiesen werden kann. Das Zitieren von Einführungsliteratur (Grundlagen der Volkswirtschaftslehre, Einführung in die Betriebswirtschaftslehre und ähnliche Titel) sollte möglichst vermieden bzw. auf Einzelfälle begrenzt werden.

Es dürfte keine Frage sein, dass die jeweils neuesten Auflagen der Literatur zu verarbeiten sind. Nur selten sollten z. B. Klassiker aus dem Jahre 1750 zitiert werden. Derartige Originalliteratur ist beschränkt verfügbar und außerdem wird es selten gelingen, eine überzeugende Forschungslinie zur eigenen Arbeit zu zeichnen, die sich über ein Vierteljahrhundert erstreckt. Die Herstellung des Bezugs zu Klassikern (Adam Smith, Joseph A. Schumpeter, Max Weber, Sigmund Freud usw.) ist für aktuelle Fragestellungen nur beschränkt hilfreich.

Die Grundlagenliteratur wird zwar nur eingeschränkt zitiert, bildet aber das Fundament der gesamten Arbeit. Auf ihr beruhen der alle Teile der Arbeit verbindende theoretische Ansatz sowie die verwendeten Modelle und eventuelle praktische Anwendungen. Es stellt das Verdienst des Autors wissenschaftlicher Arbeiten dar, seine erbrachte Eigenleistung als Weiterentwicklung einer theoretischen Grundlage zu präsentieren und mit ihr in Einklang zu bringen.

Im Zuge der Aufarbeitung der Grundlagenliteratur ist es daher nicht ausreichend, nur den Inhalt von Lehrbüchern und Standardwerken themenorientiert darzustellen. Um die eigene Arbeit auf eine gesicherte Basis zu stellen, muss man sich mit der Fundamental- und Detailkritik an der theoretischen Grundlage auseinandersetzen und die wichtigsten Kritikpunkte zu eliminieren versuchen. Zumindest aber muss man nachweisen, dass man keinen wesentlichen Kritikpunkt außer Acht gelassen hat. Dadurch wird zwar der allgemeine Anspruch der eigenen Arbeit eingeschränkt, zugleich wird jedoch auch die Problemstellung besser begrenzt. Damit erfüllt man ein weiteres Kriterium wissenschaftlicher Arbeiten, die Bescheidenheit in der Darstellung der eigenen Leistung.[17]

2.5.2 Publikationen/Favoriten des Betreuers

Seminar-, Bachelor-/Master- (Diplom-) und Doktorarbeiten werden von Professoren oder Assistenten mehr oder weniger stark inhaltlich beeinflusst. In jedem Falle werden sie von diesem Personenkreis bewertet und müssen deren Vorstellungen und Erwartungen entsprechen. Dazu gehört auch, dass auf einen Blick erkennbar ist, wenn eine Arbeit diesen Erwartungen nicht entspricht. Neben den formalen Anforderungen (Gestaltung, äußere Form) wird auch überprüft, ob die verarbeitete Literatur für die Beantwortung der Fragestellung ausreichend ist. Mit einem Blick ins Literaturverzeichnis zieht der erfahrene Betreuer Rückschlüsse auf die Qualität des Inhalts der Arbeit, ohne vom Text mehr als die Einleitung und den Schluss gelesen zu haben.

Es ist folglich von größter Bedeutung, das Urteil des Betreuers in etwa einschätzen zu können. Dazu sollte man möglichst alle Schriften seines Betreuers – auch die unveröffentlichten – systematisch durcharbeiten und auf Schwerpunkte, Vorlieben und Abneigungen achten. Dadurch wird man mit der überlegenen Technik wissenschaftlichen Arbeitens seines Betreuers/Doktorvaters vertraut und hat eine sichere Orientierung. Zwangsläufig wird man seinen Betreuer zitieren, wenn man für ein Argument einen besonders überzeugenden Beleg benötigt. Ein besonderer Vorteil beim Zitieren seines Betreuers besteht darin, dass man auch aus dessen unveröffentlichten Manuskripten zitieren kann, ohne gegen Zitierregeln zu verstoßen.

Mindestens genauso wichtig wie die angemessene Berücksichtigung der Schriften des Betreuers sind die Publikationen derjenigen Wissenschaftler, die nach Auffassung des Betreuers zitiert werden müssen, um dadurch nachzuweisen, dass man die Thematik erschöpfend untersucht hat. Dazu bedarf es Intuition und der Fähigkeit, in persönlichen Gesprächen entsprechende An-

---

[17] vgl. Scholz, Dieter: Diplomarbeiten normgerecht verfassen, Würzburg 2001, S.85

deutungen wahrzunehmen. Sehr viel wichtiger als die Eigendarstellung ist im Gespräch mit dem Betreuer der Arbeit, die dort erhaltenen Signale und Impulse zu erkennen und umzusetzen.

Erhält die Arbeit einen Zweitgutachter (auch Mitberichter oder Korreferent genannt), so sollte dieser auch in der Arbeit zitiert werden, allerdings weniger oft als der Erstgutachter. Diese Hinweise sind nirgendwo festgeschrieben. Sie sind gewachsen in langjährigen Erfahrungen der verlegerischen Betreuung von Bachelor-/Master- (Diplom-) und Doktorarbeiten. Die Häufigkeit der Zitation des eigenen Doktorvaters und dessen Mitberichters kann in jeder veröffentlichten Dissertation nachgesehen werden.

2.5.3 Weitere Quellen

Mit der Erarbeitung der Grundlagenliteratur, kritischer Fachartikel zur Grundlagenliteratur, der Schriften des Betreuers sowie der von diesem für wichtig angesehenen Beiträge anderer Autoren besitzt man eine gute Ausgangsbasis, um dem eigenen Thema die erforderliche Breite und Tiefe zu verleihen. Aus den Literaturverzeichnissen der bisher verarbeiteten Quellen ergeben sich weitere Hinweise, so dass man auf diese Weise relativ schnell zu einer großen Zahl an mehr oder weniger relevanten Schriften gelangt.

Dieses Verfahren der Literaturrecherche nach dem Schneeballsystem[18] hat den Vorteil, dass man auf bereits zitierte Werke stößt und sich somit keine Gedanken über die Zitierfähigkeit der Quelle zu machen braucht. Als Schwäche des Schneeballsystems ist zu sehen, dass damit nur Literatur ausfindig gemacht werden kann, die zeitlich vor den zugrunde liegenden Quellen veröffentlicht wurde und damit nicht allerneuesten Datums ist. Schwerer wiegt allerdings der Einwand, dass Recherchen nach dem Schneeballsystem zu einer mehr zufälligen als systematischen Literaturauswahl führen können.[19]

---

[18] vgl. Ebster, Claus/Stalzer, Lieselotte: Wissenschaftliches Arbeiten für Wirtschafts- und Sozialwissenschaftler, Wien 2003, S. 49

[19] vgl. Sesink, Werner: Einführung in das wissenschaftliche Arbeiten, München 1999, S. 54

2.5.4 Online-Kataloge großer Bibliotheken

Die unsystematische Literaturrecherche auf Grundlage der jeweils verarbeiteten Quellen gibt weitere Hinweise, insbesondere auf Quellen, die sich mit relevanten Teilaspekten der eigenen Thematik auseinandersetzen. Daraus kann man namhafte Autoren und Stichworte sowie für die Veröffentlichung bevorzugte Fachzeitschriften, Jahrbücher, Tagungsbände usw. zusammenstellen. Durch Verknüpfung von Suchkriterien wie Autor, Stichwort, Quelle, Erscheinungsjahr kann in den Datenbanken großer wissenschaftlicher Bibliotheken gezielt nach weiterer Literatur gesucht werden. Es muss allerdings berücksichtigt werden, dass jede Bibliotheksdatenbank ihren eigenen Schlagwortkatalog besitzt, nach dem die Literatur klassifiziert wird. Die Kenntnis des einer Literaturdatenbank zugrunde liegenden Schlagwortkataloges ist daher Voraussetzung für erfolgreiche Online-Recherchen.[20]

Vorteil dieses Online-Angebots verschiedener Universitäts-, Staats- und Landesbibliotheken ist die – abgesehen von den Gebühren für die Nutzung des Internets – kostenlose Recherche. Ein hohes Maß an Vor-Ort-Recherche in größeren Bibliotheken wird trotz der möglichen Online-Abfrage immer erforderlich sein, da die aufgefundene Literatur gesichtet und kopiert oder ausgeliehen werden muss.

Die Erwartung, relevante Literatur im Internet aus Volltextdatenbanken herunter zu laden, wird sich in absehbarer Zukunft nicht erfüllen. Bisher liefern Volltextdatenbanken nur den vollständigen Text ausgewählter Zeitschriftenaufsätze, Tagungsberichte und Zeitungsartikel. Die Auswahl ist willkürlich, erfolgt nicht nach wissenschaftlichem Anspruch und das Herunterladen ist zumeist kostenpflichtig. Einzig das „Projekt Gutenberg" stellt auf der Seite www.projekt.gutenberg.de klassische Literatur im Internet kostenlos zur Verfügung.

Zur EDV-gestützten Literaturrecherche ist damit festzustellen, dass die Literatursuche in den Bibliotheken deutlich komfortabler und zielsicherer geworden ist als dies zu Zeiten der Karteikarten und Mikrofilme möglich war. Demgegenüber fehlt bei einer Recherche über Such- und Meta-Suchmaschinen im Internet die Absicherung der Qualität und Seriosität der gefundenen Informationen.[21] Die klassische Form der Literaturarbeit durch Ausleihe, Kopieren oder

---

[20] vgl. Ebster, Claus/Stalzer, Lieselotte: Wissenschaftliches Arbeiten für Wirtschafts- und Sozialwissenschaftler, Wien 2003, S. 54

[21] s. Bänsch, Axel: Wissenschaftliches Arbeiten, München 2003, S. 89

Nutzung von Präsenzbeständen wird auch auf längere Sicht nicht durch Herunterladen von Volltexten ersetzt werden.

Durch das Internet ist vor allem der Zugang zu Bibliothekskatalogen möglich geworden, in denen man vom eigenen Computer aus recherchieren kann. Elektronische Suchabfragen zeichnen sich durch erweiterte Suchmöglichkeiten bei hoher Suchgeschwindigkeit aus. Erbringt die Suche Treffer, erhält man Informationen über deren Ausleihstatus.

Viele Bibliotheken haben jedoch aufgrund mangelnder Personal- und Finanzausstattung ihre Kataloge noch nicht vollständig elektronisch erfasst, so dass oft eine Suche vor Ort in den herkömmlichen Schlagwort-, Stichwort- und A-Z-Katalogen erforderlich sein wird.

2.5.5 Neueste Veröffentlichungen

Der Anspruch des Erkenntnisfortschritts erfordert, in wissenschaftlichen Arbeiten auch Quellen zu zitieren, die relativ kurz vor Fertigstellung der eigenen Arbeit erschienen sind. Manche wissenschaftliche Arbeiten enthalten Zitate oder Verweise auf Artikel in Tages- oder Wochenzeitungen, um die Aktualität der behandelten Fragestellung nochmals besonders hervorzuheben. Dies erscheint jedoch als zu oberflächlich. Um neuere Entwicklungen auf wissenschaftlicher Grundlage berücksichtigen zu können, ist das Studium der aktuellen monatlich erscheinenden Fachzeitschriften besonders wichtig. Auch daran wird deutlich, dass der regelmäßige Besuch von Bibliotheken wesentlicher Bestandteil wissenschaftlichen Arbeitens ist, der nicht durch Suchmaschinen ersetzt werden kann. Weiterhin empfiehlt es sich, auf die Vorankündigungen von Verlagen zu achten. Gewisse Orientierungsmöglichkeiten – allerdings nur für Buchveröffentlichungen von Verlagen – bietet auch die Internetseite www.newbooks.de.

Es sollte in jedem Fall angestrebt werden, einige Quellen neuesten Datums anzuführen. Dies beweist nicht nur, dass man sich auch mit dem letzten Stand der wissenschaftlichen Diskussion auseinandersetzt. Kann man Veröffentlichungen des laufenden Jahres zitieren, wird einem eher nachgesehen, falls man eine Publikation z. B. aus dem Jahre 1998 nicht berücksichtigt haben sollte.

2.6 Arbeitstitel

Die Formulierung eines Arbeitstitels führt zu einer weiteren Konkretisierung, wobei noch keine endgültige Festlegung vorgenommen wird. Mit dem Arbeitstitel wird die zu bearbeitende Thematik aus ihrem erweiterten Zusammenhang gelöst und einer weiteren Präzisierung der Fragestellung zugänglich gemacht.

2.6.1 Untersuchungsschwerpunkt zum Ausdruck bringen

Die Festlegung des Untersuchungsschwerpunktes dient neben der Eingrenzung des Themas auch der Abgrenzung zu anderen Teildisziplinen. So könnte eine "Untersuchung der Determinanten der Marktakzeptanz" sowohl volks- als auch betriebswirtschaftlich ausgerichtet sein. Die Formulierung „Untersuchung der Determinanten von Angebot und Nachfrage" ist dagegen eindeutig volkswirtschaftlich orientiert.

2.6.2 Schlagwortartige Eingrenzung der Untersuchung

Die Formulierung weiterer Schlagworte dient der Charakterisierung des Themas. Damit erhält das weitere Vorgehen eine erste Strukturierung, die die Grundlage der weiteren Arbeitsschritte darstellt und als Orientierung dient, um sich nicht in Details zu verrennen. Die Schlagworte haben auch die Funktion, die Erfüllung wichtiger Kriterien der Themenwahl (Aktualität, Interesse, Verwertbarkeit) zu überprüfen und sicherzustellen.

2.6.3 Interpretationsspielraum für spätere Präzisierung lassen

Zum Zeitpunkt der Präzisierung des Themas ist weder der Stand der Forschung aufgearbeitet noch die Forschungsfrage formuliert. Für die Originalität der Fragestellung einer Bachelor-/Masterarbeit (Diplomarbeit) bzw. der Exklusivität eines Dissertationsthemas ist es besonders wichtig, dass das Thema nicht schon von einem anderen bearbeitet wurde oder wird. Deswegen muss hier die Konkretisierung des Themas am längsten offen bleiben, um dem Anspruch einer wissenschaftlichen Neuerung letztendlich entsprechen zu können.

2.6.4 Beispiele zur Eingrenzung des Themas

Thema	Wissen-schafts-bereich	Möglicher Schwerpunkt	Schlagworte
L U X U S G U T K I N D	Wirtschaft/ VWL	Die Märkte der Zukunft	Bildungsökonomie, Bevölkerungsentwicklung, Globalisierung
	Wirtschaft/ BWL	Die Familie als Kunde	Marketing, Zielgruppen, neue Produkte, Lebenszyklen, Wachstum in schrumpfenden Märkten
	Soziologie	Zur sozio-ökonomischen Struktur der Nachfrage nach Familienprodukten	Familiensituation, Struktur und Entwicklung des Angebotes, gesellschaftliche Veränderungen, Lebensstil
	Psychologie	Familienpsychologische Wirkungen der „kindgerechten Warenwelt"	Eltern-, Großelternsituation, Fürsorge, Orientierungslosigkeit, Informationsflut

Übersicht 4: Erste Eingrenzung des Themas einer wissenschaftlichen Arbeit durch Schlagworte

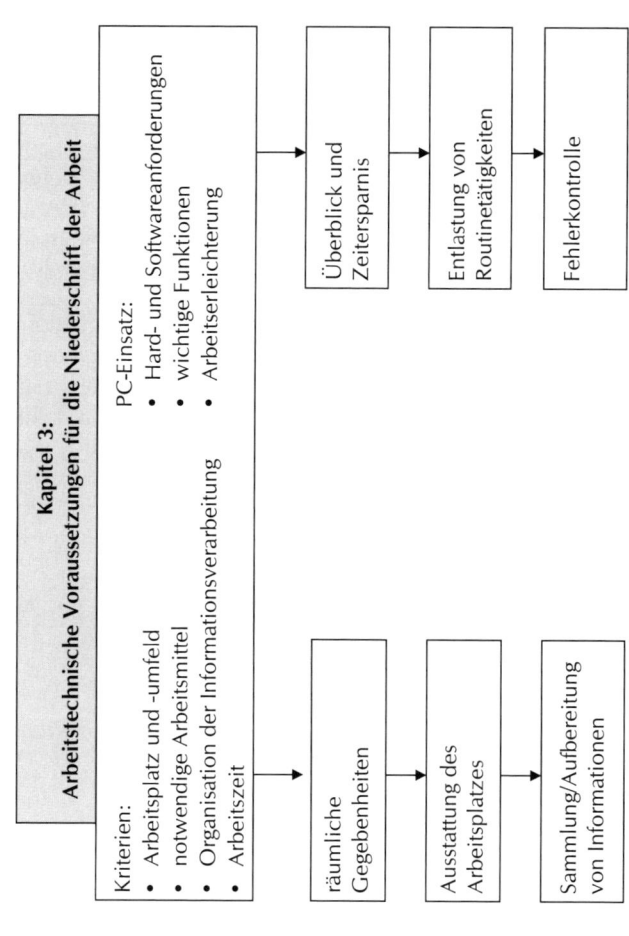

Kapitel 3:
Arbeitstechnische Voraussetzungen für die Niederschrift der Arbeit

Kriterien:
- Arbeitsplatz und -umfeld
- notwendige Arbeitsmittel
- Organisation der Informationsverarbeitung
- Arbeitszeit

PC-Einsatz:
- Hard- und Softwareanforderungen
- wichtige Funktionen
- Arbeitserleichterung

räumliche Gegebenheiten

Ausstattung des Arbeitsplatzes

Sammlung/Aufbereitung von Informationen

Überblick und Zeitersparnis

Entlastung von Routinetätigkeiten

Fehlerkontrolle

3. Arbeitstechnische Voraussetzungen für die Niederschrift der Arbeit

3.1 Wichtige Hinweise zur Arbeitsorganisation

Die Abgabe- bzw. Einreichungstermine für Seminar-, Bachelor- und Masterarbeiten (Diplomarbeiten) sind dem Verfasser bei der Themenvergabe bzw. aufgrund der Regelungen in den Prüfungsordnungen bekannt. Zu Beginn der Arbeit kann man nicht abschätzen, welche Schwierigkeiten, zeitlichen Verzögerungen oder sonstige Unvorhersehbarkeiten im Laufe der zur Verfügung stehenden Bearbeitungszeit eintreten werden. Jede noch so detaillierte Planung oder Orientierung an Normvorgaben[22] wird zur Makulatur und erfordert korrigierende Maßnahmen,[23] wenn Probleme bei der Literaturbeschaffung, bei der Ausformulierung des Textes und bei den formalen Anforderungen (Zitierweise, Titelblatt, Erstellen von Verzeichnissen, Fehlerbeseitigung) auftreten.

Da derartige Probleme bei jeder Arbeit mit Sicherheit auftreten, erscheint es sinnlos, einen Arbeitsplan zu erstellen, der die Punkte

- Materialsammlung

- Erstellen einer Grobgliederung

- Schreiben der Urfassung der Arbeit

- Weitere Literaturrecherchen

- Überarbeitung und Erstellung der Endfassung

in einzelne, sich allenfalls teilweise überlappende Zeitabschnitte einteilt.[24] Wesentlich sinnvoller als in Ressourcen verschwendende Zeitplanungen, Abweichungsanalysen und Korrekturmaßnahmen sollte man seine Energie in die Planung des Arbeitsplatzes und der einzusetzenden Arbeitsmittel lenken. Somit schafft man Voraussetzungen, ständig an allen Phasen der Entstehung arbeiten zu können. So kann man z. B. Zeitverluste bei der Literatursuche kompensieren durch redaktionelle Überarbeitung von Texten. Bisweilen ist es

---

[22] s. Bänsch, Axel: Wissenschaftliches Arbeiten, München 2003, S. 35

[23] vgl. Metzger, Christoph: Lern- und Arbeitsstrategien. Ein Fachbuch für Studierende an Universitäten und Fachhochschulen, Aarau 1996, S. 24

[24] s. Ebster, Claus/Stalzer, Lieselotte: Wissenschaftliches Arbeiten für Wirtschafts- und Sozialwissenschaftler, Wien 2003, S. 23

auch sinnvoll, einen Gedanken gewisse Zeit reifen zu lassen, ehe er formuliert wird. Diese Zeit kann genutzt werden für technische Arbeiten wie die Formatierung von Tabellen oder die Erstellung von Abbildungen. Ein Minimum an Freiraum ist außerdem zu erhalten für die Erfüllung der Alltagspflichten, die einem nicht abgenommen werden können und für Engagements, die einem wichtig sind (Sport, Kultur, Freundeskreis).

Bei der Erstellung einer wissenschaftlichen Arbeit kommt es also darauf an, Voraussetzungen zu schaffen, die ein Arbeiten an jeder Phase des Entstehungsprozesses ermöglichen. Dadurch wird die verfügbare Zeit optimal genutzt und es verbleiben in den Arbeitsprozess integrierte Freiräume für persönliche Pflichten und Interessen. Außerdem wäre es unlogisch, etwa nach Abschluss der Materialsammlung auf der dann vorhandenen Literaturbasis mit der Formulierung zu beginnen und erst nach Erstellung der Urfassung weitere Quellen zu recherchieren.

Wissenschaftliches Arbeiten ist ein Prozess, der zwar in einzelne Phasen gegliedert ist, die im Bewusstsein des Autors jedoch simultan ablaufen. Jeder Prozess, ob Recherche, Formulierung, Gliederung oder Formatierung, Überarbeitung und Korrektur muss im Interesse einer optimalen Ausnutzung des Zeitraums bis zum Abgabetermin jederzeit bearbeitet werden können. Dies ist durch eine entsprechende Organisation des gesamten Prozesses zu ermöglichen.

3.2 Anforderungen an den Arbeitsplatz

Der Arbeitsplatz muss konzentriertes ungestörtes Arbeiten über einen längeren Zeitraum ermöglichen. Dazu sollte er ausreichend belichtet und besonnt sein und nicht durch Verkehrslärm, Publikumsverkehr oder andere Ablenkungen beeinträchtigt werden.

Besonders wichtig ist ein ausreichendes Platzangebot an Arbeitsfläche (Schreibtisch) und Regalen oder Schränken zur griffbereiten Aufbewahrung von Arbeitsutensilien, kopierter und entliehener Literatur. Essen und Trinken sollte nicht am Arbeitsplatz stattfinden müssen, da die damit verbundenen Aufräumarbeiten die ohnehin komplexe Organisation des Arbeitsprozesses weiter erschweren und zusätzliche Risiken bergen.

Die Nutzung des Arbeitsplatzes sollte nur dem Autor der Arbeit vorbehalten und für andere Personen nicht möglich sein. Relativ ungestört und ablenkungsfrei kann man abends, nachts sowie an Wochenenden und Feiertagen arbeiten. Da dies normalerweise in der eigenen Wohnung bzw. im eigenen

Zimmer stattfindet, sind die Anforderungen an den Arbeitsplatz mit den Anforderungen an die Wohnungsnutzung abzustimmen. Beispielsweise stellt ein Fernsehgerät am Arbeitsplatz eine Quelle der Ablenkung dar und sollte daher möglichst nicht im Arbeitsraum stehen. Andererseits muss sich die Gestaltung des Arbeitsplatzes auch an objektiven Gegebenheiten und vor allem am Machbaren ausrichten. Vielleicht kann auch die Gestaltung des Arbeitsplatzes von Albert Einstein hilfreiche Empfehlung sein, der genaue Vorstellungen zur Beschaffenheit seines Schreibtisches äußerte:[25]

„Die Tischfläche darf nicht zu groß sein, sonst wird sie automatisch zum Ablageplatz. Sie darf aber auch nicht zu klein sein, weil ich dann nicht richtig arbeiten kann. Außerdem möchte ich nur wenige Fächer haben, da ich nicht unentwegt etwas suchen will. Ein Schreibtisch kann nämlich zum Labyrinth werden. Am besten ist für mich ein Tisch, der nur drei Fächer hat."[26]

Auf dem Tisch sollten „nur drei Dinge" Platz haben, „zwei offene Zettelkästen und eine Lampe." In dem einen Kasten wollte er einen stets griffbereiten Papierblock haben, in dem anderen sollten seine Notizen gesammelt werden.

Aus diesen praktischen Vorgaben ermittelte Einstein mit seinem Architekten Konrad Wachsmann das Optimalmaß für seinen Schreibtisch: 130 cm Breite und 67 cm Tiefe. Als Tischhöhe wurde die noch heute übliche Durchschnittsabmessung von 72 cm gewählt.[27] Schließlich wünschte er noch, dass der Tisch ein paar Zentimeter über dem Boden eine Querleiste bekommt, auf die er beim Arbeiten seine Füße stützen wollte.

3.3 Einsatz verschiedener Arbeitsmittel

Ohne einen Computer können wissenschaftliche Arbeiten heute nicht mehr bewältigt werden. Der Einsatz eines Personalcomputers ist von solcher Wichtigkeit, dass die spezifischen Erfordernisse in einem separaten Abschnitt behandelt werden. Wegen der langen Zeit, die man vor dem Computer verbringt, ist es empfehlenswert, das Standgerät dem Laptop vorzuziehen. Ein Standgerät ermöglicht vergleichsweise komfortableres Arbeiten, weil es im Vergleich zum Laptop bequemere Tastatur- und Mausbedienung aufweist. Das Arbeiten am (möglichst großen) PC-Bildschirm ist außerdem für Augen und Konzentrationsfähigkeit günstiger als das Display eines Laptops.

---

[25] den Quellenhinweis verdanken wir Herrn Matthäus Böhm aus Berlin

[26] Grüning, Michael: Ein Haus für Albert Einstein. Erinnerungen, Briefe, Dokumente, Berlin 1990, S. 131

[27] ibidem

Dennoch ist der Computer keine Wunderwaffe zur Erzeugung wissenschaftlicher Arbeiten. Gerade in der frühen Phase des Sondierens, Recherchierens und Konzipierens[28] ist die Anzahl der zu verarbeitenden Informationen noch zu gering, um in einer computergerechten Struktur abgelegt und vor allem schnell wieder gefunden zu werden. Daher wird in der Anfangsphase einer wissenschaftlichen Arbeit gerne auf klassische Methoden zurückgegriffen:

• handschriftliche Notizen

• Ablage in Karteikartensystemen oder Hängeregistraturen

• Sammlung von Informationen in Aktenordnern

• Ablage entliehener oder gekaufter Bücher und Schriften in verschiedenen Stapeln, Regalen oder Schuhkartons zur Klassifizierung in „sehr wichtig", „eventuell wichtig" und „unwichtig".

Solange man bei der Informationsbeschaffung den Eindruck hat, das gesammelte Wissen noch klar zu überblicken, ist es nicht sinnvoll, dieses in einer Datenbank zu pflegen. Erst wenn man das Gefühl hat, dass die Fülle vorhandener Informationen, Quellen und Ideen systematisch geordnet werden sollten, um sie leicht und schnell wieder aufzufinden, ist die Zeit reif, Informationen, Textpassagen, Stichworte, Verweise, Sekundärquellen, Ideen, Fragen, weitere Rechercheerfordernisse, Zitate, gute Formulierungen usw. mit dem Computer zu erfassen.

Durch die systematische Erfassung am Computer zwingt man sich, Gedanken in Texte zu fassen und leistet damit bereits Formulierungsarbeit. Gleichzeitig hat man die Gesamtsicht auf die Arbeit, weil man sich mit Inhalten, Schwerpunktsetzungen und gelösten sowie noch zu lösenden Problemen beschäftigen muss. Im Anfangsstadium der Arbeit bzw. zu Beginn der Erörterung eines bislang nicht bearbeiteten Teilaspekts der Arbeit ist es dagegen effektiver, Informationen handschriftlich, in Ordnern und auf Ablagestapeln zu sammeln, bis die Datenmenge groß genug ist, damit sie sinnvoll geordnet werden kann oder werden sollte.

---

[28] vgl. Niederhauser, Jürg: Die schriftliche Arbeit, Mannheim 2000, S. 6

3.4 Arbeitszeit und Arbeitseinteilung

Die verschiedenen Arten wissenschaftlicher Arbeiten fallen mit typischen Arbeitssituationen zusammen. Planung und Organisation sollten sich auf eine effektive Gestaltung der jeweiligen Gesamtsituation konzentrieren. Bei Referaten, Vorträgen und Seminararbeiten liegt in der Regel die Situation vor, dass die Arbeit neben dem normalen Aufwand während des Semesters in einer vorgegebenen Frist angefertigt werden muss. Die Themenstellung ist vorgegeben, die relevante Literatur gut verfügbar. Häufig sind ähnliche Themen in den Seminaren der Vorsemester bearbeitet worden. Bei Seminararbeiten kann man sich an den Ausarbeitungen der Vorjahre orientieren, wenn diese verfügbar sind und – vor allem – gut bewertet wurden. In Seminararbeiten wird prüfungsrelevantes Wissen aufbereitet, das keinen rasanten Veränderungen unterliegt und allenfalls um neuere Literatur vervollständigt werden muss.

Dem Zusammentragen der grundlegenden und weiterführenden Literatur kommt bei Seminararbeiten die größte Bedeutung zu, weil man aus der bisweilen großen Zahl möglicher Quellen die 10 bis 15 besten herausfiltern muss. Zur Erstellung der Gliederung findet man genügend Hinweise in der Literatur und auch für die Ausformulierung des Textes ergeben sich Orientierungen. Die große Herausforderung einer Seminararbeit besteht in der Auswahl geeigneter Literatur, aus der sich eine eigenständige Problemdarstellung entwickeln lässt.

Seminararbeiten bergen die extreme Gefahr, nur unter Zeitdruck fertig gestellt zu werden, weil sie zusätzlich zu laufenden Aufgaben anfallen und zu Engpässen führen. Häufig weisen diese Arbeiten formale Unzulänglichkeiten auf, die zu unnötigen Abwertungen führen. Deshalb sollte man bereits seine erste wissenschaftliche Arbeit als Prozess gestalten, in dem Literatursuche, Ausarbeitung der Gliederung und Formulierung der Texte, formale Anforderungen wie Deckblatt und Zitierweise und Fragen der Gestaltung und Darstellung (Zitate, Abbildungen, Tabellen) in jeder Phase der Arbeit angemessen berücksichtigt werden.

Die **Bachelor-/Masterarbeit (Diplomarbeit)** wird in der Regel am Ende des Studiums nach bestandener Prüfung in den einzelnen Fächern angefertigt. Damit verfügt man über einen gewissen Freiraum, der nur durch eventuelle Bewerbungen und persönliche Verpflichtungen eingeschränkt ist. Zwar besteht hier weniger die Gefahr eines extremen Zeitdrucks, der einen zu regelmäßigen Nachtschichten zwingt und zu Flüchtigkeitsfehlern führen kann. Es ist jedoch eine Bearbeitungs- bzw. Abgabefrist einzuhalten, das Thema ist anspruchsvoller und stellt höhere Anforderungen an Kreativität und Eigenleistung als eine Seminararbeit, deren Inhalte durch die bestehende Literatur nahezu vollständig abgedeckt sind.

Unter diesen Voraussetzungen ist es besonders wichtig, zusammenhängende Zeiten zu schaffen, in denen man mehrere Stunden ohne Unterbrechung konzeptionell und inhaltlich arbeiten kann. So kann die Erstellung der Bachelor-/Masterarbeit (Diplomarbeit) trotz höherer Freiräume häufige Nacht- und Wochenendarbeit erfordern, weil der Fortschritt mühevoller als bei einer Seminararbeit ist und der Bearbeitungszeitraum eingehalten werden muss. Daher ist es von entscheidender Bedeutung, die einzelnen Phasen der Entstehung der Arbeit als wechselseitigen Prozess zu gestalten, nicht nur, weil man z. B. bei inhaltlichen Engpässen aufgrund kurzfristig nicht verfügbarer Literatur an der Systematik der Arbeit, der äußeren Form oder an Formulierungen feilen kann. Berücksichtigt man einzelne Bereiche, insbesondere redaktionelle Überarbeitung und Korrektur von Fehlern erst sehr spät oder hat man den damit verbundenen zeitlichen Aufwand unterschätzt, gerät die perfekte oder rechtzeitige technische Fertigstellung und damit die Einhaltung des Abgabetermins in Gefahr.

Bei der **Doktorarbeit** besteht noch mehr als bei der Bachelor-/Masterarbeit die Gefahr, die Literatursuche zu lange auszudehnen, ohne bei einer Eingrenzung des Promotionsthemas voranzukommen. Hier bestehen zwar die höchsten Freiheitsgrade der Gestaltung, aber auch die höchsten Ansprüche an Wissenschaftlichkeit, Eigenständigkeit und Erkenntnisfortschritt. Am schwierigsten zu organisieren sein dürfte die externe Promotion bei gleichzeitiger Berufstätigkeit in Voll- oder Teilzeit. Obwohl man in diesem Fall über eigene finanzielle Mittel verfügt, die eine bessere Ausstattung des Arbeitsplatzes und größere Unabhängigkeit bei der Literatur- und Materialbeschaffung ermöglichen, kann diese Konstellation nur zum Erfolg führen, wenn der Betreuer Verständnis für diese Situation mit teilweise wechselnden Prioritäten zwischen beruflichen Anforderungen und dem Promotionsfortschritt aufbringt. In dieser Konstellation Beruf – Promotion – Familie sollte man von familiären Verpflichtungen weitgehend entlastet sein und entsprechende Unterstützung durch Verwandte und Freunde bekommen.

Im Falle der Promotion mit einer Stelle als wissenschaftlicher Mitarbeiter hat man nicht nur administrative, koordinierende und unterstützende Arbeiten am Lehrstuhl zu erbringen. Darüber hinaus sind die eigenen Mittel und Möglichkeiten begrenzt und die Stelle meistens befristet. Andererseits hat man den direkten und persönlichen Kontakt zum Betreuer, bei dem man sich über die

Arbeit am und für den Lehrstuhl profilieren kann. Bedenkt man, dass eine Promotion oft mehrere Jahre erfordert, können sich auch in dieser Situation zusätzliche persönliche familiäre Veränderungen ergeben. Eine Promotion am Lehrstuhl stellt trotz der damit verbundenen Vorteile der Nähe zum Betreuer ähnlich hohe Anforderungen an die Zielorientierung, Organisation und Kontrolle der eigenen Arbeit wie eine externe Promotion. Folgt die Promotion direkt im Anschluss an das Studium, sollte sie zudem möglichst rasch abgeschlossen werden. Dies gilt sowohl im Hinblick auf einen Berufseinstieg als auch für eine angestrebte Karriere als Wissenschaftler.

Wie lange eine Promotion wirklich dauern darf, kann nicht verbindlich festgestellt werden. Zieht man den italienischen Professor der Philosophie Umberto Eco zu Rat, gilt der Grundsatz: „Nicht weniger als sechs Monate und nicht mehr als drei Jahre."[29]

Seminar-, Bachelor-/Master- (Diplom-) und Doktorarbeiten stellen unterschiedliche und jeweils steigende Anforderungen an Literaturauswahl und -verarbeitung, Aufbau und Strukturierung, an eigene Gedankenführung, Originalität und an die äußere Form der Arbeit. Der Zeitfaktor spielt bei jeder der drei Formen wissenschaftlicher Arbeiten eine große Rolle. Deswegen müssen alle Phasen des Entstehungsprozesses jederzeit bearbeitet werden, um die Zeitvorgabe optimal zu nutzen. Die längeren Bearbeitungsfristen von Bachelor-/ Master- (Diplom-) und Doktorarbeiten zwingen zu einer ebenso strengen Arbeitsdisziplin wie die kurzfristig zu erstellenden Seminararbeiten. Dies wird unmittelbar einsichtig, wenn man sich die Wirkung einer schlechten Bachelor-/ Masterarbeitsnote oder einer nicht abgeschlossenen Promotion vor Augen führt.

Die Gestaltung der Entstehungsprozesse der einzelnen Arten wissenschaftlicher Arbeiten kann durch die jeweils unterschiedliche Schwerpunktsetzung auf eine Phase des Gesamtprozesses verdeutlicht werden. Bei einer **Seminararbeit** kommt es aus Zeitgründen entscheidend darauf an, die wesentlichen, gut abgegrenzten Inhalte des Themas darzustellen. Dazu benötigt man als Grundlage die relevanten Quellen, um mit der Niederschrift beginnen zu können. Mit der Ausformulierung der Inhalte reift der zuvor aufgrund des Literaturstudiums schon in grober Vorstellung existierende Aufbau der Arbeit und man entwickelt daraus eine eigene Gliederung. Ansprüche an die äußere Form sowie formale Anforderungen sind bei Seminararbeiten weniger ausgeprägt als bei den veröffentlichungsfähigen bzw. -pflichtigen Bachelor-/Master-

---

[29] Vgl. Eco, Umberto: Come si fa una tesi di laurea, Milano 1989, S. 28

(Diplom-) und Doktorarbeiten. Deswegen ist es angebracht, diese Anforderungen bei der Ausformulierung des Textes gleich mit zu erfüllen.

Der Inhalt einer **Bachelor-/Masterarbeit (Diplomarbeit)** lässt sich nicht mehr ausschließlich der vorhandenen Literatur entnehmen. Deshalb muss man sich Gedanken über die Inhalte machen, die man im Rahmen der Themenstellung behandeln will („Ausgewählte Probleme der Rechnungslegung von Kapitalgesellschaften", „Die Entwicklung einer balanced scorecard für Immobilienunternehmen" ...). Darauf folgen die gezielte Literatursuche und die Ausformulierung. Wegen des erheblichen Umfangs der Arbeit lassen sich die ästhetischen und formalen Anforderungen nicht mehr nebenbei erledigen, sondern stellen eine Phase mit eigenem Zeitbedarf dar.

Bei einer **Doktorarbeit** ist die Themenfindung Bestandteil des Entwicklungsprozesses der Arbeit. Die Erarbeitung des Gedankengangs und der Vorgehensweise zur Beantwortung der Forschungsfrage stellen die wesentliche Leistung dar. Aufbau und Gliederung sind hier die wichtigste Entwicklungsphase. Die endgültige Auswahl der zitierten Literatur ergibt sich aus der sukzessiven Entwicklung der Arbeit. Bei der Dissertation ergeben sich im Laufe des Entwicklungsprozesses Verschiebungen inhaltlicher Gewichte in einem Umfang, wie dies bei Seminar-, Bachelor- und Masterarbeiten (Diplomarbeiten) nicht der Fall ist. Zitiert wird maximal die Hälfte der gesichteten Literatur. Häufig erhält man sogar noch in der mündlichen Prüfung die Auflage, bestimmte Quellen einzuarbeiten. Zwar ist die Literaturauswahl auch bei Doktorarbeiten von zentraler Bedeutung, man geht jedoch davon aus, dass der Autor die zur Beantwortung der (engeren) Fragestellung erforderlichen Quellen vollständig berücksichtigt hat, da ansonsten die Arbeit nicht promotionsreif wäre.

In der folgenden Übersicht werden für die Arten wissenschaftlicher Arbeiten die jeweils wichtigste Phase sowie die darauf aufbauenden Folgephasen dargestellt. Der Begriff „Wichtigste Phase" ist dabei nicht so zu verstehen, dass diese Phase eine höhere Aufmerksamkeit als die Folgephasen verdient. Diese Phase ist deswegen so wichtig, weil sie die Voraussetzungen dafür schafft, die Anforderungen der jeweiligen Aufgabe innerhalb des vorgegebenen zeitlichen Rahmens zu bewältigen.

Art der Arbeit	Wichtigste Phase	Folgephasen
Seminar-arbeit	Literatur-auswahl	Ausformulierung – Aufbau und Gliederung – äußere Form und formale Anforderungen
Bachelor-/ Masterarbeit	Aufbau und Gliederung	Literaturauswahl – Ausformulierung – äußere Form und formale Anforderungen
Doktorarbeit	Aufbau und Gliederung	Ausformulierung – äußere Form und formale Anforderungen – Literaturauswahl

*Übersicht 5:   Phasen des Prozesses der Entstehung
einer wissenschaftlichen Arbeit*

3.5 Gestaltung des Arbeitsumfeldes

Im Allgemeinen ist davon auszugehen, dass ein Grossteil der Arbeit in der eigenen Wohnung angefertigt wird. Man braucht also nicht nur einen geeigneten Arbeitsplatz oder besser ein Arbeitszimmer, sondern muss diese Ansprüche in die sonstige Nutzung der Wohnung integrieren.

Um konzentriert arbeiten zu können, braucht man vor allem eine Arbeitsatmosphäre, die frei ist von Störungen und Ablenkungen. Die entsprechenden Voraussetzungen innerhalb der Wohnung müssen geschaffen werden, auch wenn dies eine Umfunktionierung eines Raumes erfordert. Sämtliche Einflüsse, die die Konzentration stören oder zu Ablenkung führen könnten, müssen eliminiert werden. Telefon, Fernsehapparat, Musikinstrumente, Spiele können während der Arbeitspausen bzw. am Ende des Tagespensums benutzt werden. Der Arbeitsplatz soll aber eine angenehme Atmosphäre ausstrahlen und nicht wie ein Verlies gestaltet sein. Motivierende und entspannende Poster und Bilder an den Wänden, Blumen oder Grünpflanzen im Zimmer können ein entsprechendes Ambiente schaffen.

Der Arbeitsraum sollte wenigstens ein Fenster haben, nicht nur, um regelmäßige Frischluftzufuhr zu ermöglichen. Wichtig ist der Tageslichteinfall d.h. eine natürliche Lichtquelle, außerdem lassen sich Gedanken beim Blick aus dem Fenster besser ordnen als beim Anstarren einer Wand.

Eine wichtige Voraussetzung für ausdauerndes Arbeiten stellen bequeme Sitzmöbel dar. Schreibtische und Computerplätze sollten genügend Arbeits- und Ablagefläche bieten und ergonomische Aspekte in Bezug auf Sitzhaltung, Arbeitshöhe, Augenabstand zum Bildschirm usw. berücksichtigen.

Der Arbeitsraum muss unbedingt mit einer ausreichenden künstlichen Licht-quelle ausgestattet sein, da wissenschaftliche Arbeiten nicht nur an langen Winterabenden, sondern vor allem in langen Nächten entstehen. Eine Steh-lampe oder eine Schreibtischleuchte sollte die normale Zimmerbeleuchtung auf jeden Fall ergänzen.

Schließlich sollte man soweit wie möglich die Entlastung von lästigen Routine-tätigkeiten wie Hausarbeit, Wäschewaschen oder Geschirrspülen anstreben. Derartige Arbeiten mögen durchführbar sein, wenn man zur Vorbereitung auf ein Examen Prüfungswissen auswendig lernen muss, sie beeinträchtigen je-doch den mühsamen Fortschritt einer wissenschaftlichen Arbeit.

Wenn man sich z. B. als diplomierender oder promovierender Ein-Personen-Haushalt zur Entlastung einen Geschirrspüler oder einen Wäschetrockner an-schafft, können diese Investitionen sehr sinnvoll sein, weil sie nicht nur den Komfort erhöhen, sondern auch die Arbeitsmotivation steigern.

3.6 Informationssammlung in der Entstehungsphase

Die Möglichkeiten der Informationssammlung wurden bereits dargestellt, den-noch wird nochmals gesondert auf die spezielle Situation in der Entstehungs-phase eingegangen, die eine Reihe besonderer Schwierigkeiten aufweist:

• das Thema ist noch nicht klar genug oder der eigene Kenntnisstand ist nicht ausreichend,

• die Bedeutung der gesichteten Literatur kann noch nicht abgeschätzt wer-den,

• man verfügt über eine größere Anzahl von Quellen, hat aber noch nicht ge-nügend Anhaltspunkte für den Aufbau der eigenen Arbeit,

• die Ausleihfristen sind begrenzt, ausgeliehene Bücher sind vorbestellt und müssen zurückgegeben werden.

Bei all diesen Problemen geht es darum, das eigene Problemverständnis zu schärfen und das Wesentliche vom Unwesentlichen zu trennen. Wenn man mit dem eigenen bzw. vorgegebenen Thema noch nicht genügend vertraut ist, sollte man noch in der Bibliothek nach Überblicksartikeln suchen sowie Arti-kel in Fachzeitschriften recherchieren, die sich mit einzelnen, eventuell auch entfernten Aspekten des Themas auseinandersetzen. So entwickelt man ein Gefühl für das eigene Thema, weil man nicht nur erkennt, worum es schwer-punktmäßig geht, sondern auch weiß, unter welchen Aspekten das Thema in der Literatur diskutiert wird. Bei der Lektüre von Artikeln, die sich mit bestimmten Aspekten des Themas befassen, genügt es oft, zunächst nur die Einleitung und die Zusammenfassung zu lesen und das Quellenverzeichnis auszuwerten.

Diese Vorgehensweise erhöht zwar das Grundverständnis des Themas, gibt aber im Einzelfall nicht die letzte Sicherheit, ob eine derzeit vorliegende Quelle, die nicht längerfristig ausgeliehen werden kann, von Bedeutung ist oder nicht. Wenn man es zeitlich nicht schafft, das fragliche Werk durchzuarbeiten und in brauchbarer Weise zu resümieren, sollte man mit Hilfe des Inhaltsverzeichnisses die wichtigsten Teile der Schrift kopieren. Dies kann sich zwar im Nachhinein als überflüssig erweisen, beim momentanen eigenen Kenntnisstand ist man damit aber auf der sicheren Seite.

Fremdsprachige Artikel zum Thema sollten immer kopiert werden, da deren Erarbeitung mit höherem Zeitaufwand verbunden ist und möglicherweise das Wörterbuch erfordert.

In der Einarbeitungsphase sollte man das von Übermotivation geleitete Bestreben zähmen, möglichst schnell möglichst viel an themenrelevanter Literatur zu sammeln. Nicht alle Bücher und Artikel sind gut und viele sind zwar vielleicht nicht schlecht, aber schwer zu lesen. Deshalb sollte man sich Schritt für Schritt in ein Thema einarbeiten, bis man sich ein eigenes Urteil darüber erlauben kann, ob eine Veröffentlichung in der eigenen Arbeit erwähnt oder zitiert werden soll.

3.7 Notwendige PC-Kenntnisse zur Erstellung wissenschaftlicher Texte

Für das Verfassen einer wissenschaftlichen Arbeit ist der Einsatz eines Personalcomputers mit Standardsoftware unentbehrlich. Dazu gibt es schlichtweg keine Alternative, denn die Handhabung ist einfach und schnell erlernbar und die Ergebnisse erfüllen höchste Ansprüche bei erträglichen Kosten. Selbst wenn man – wie die Mehrzahl aller PC-Nutzer – überhaupt nicht richtig Schreibmaschine schreiben kann, gibt es keine schnellere Möglichkeit, als seine Texte direkt am Computer zu formulieren, weil Korrekturen, Überarbeitungen und Veränderungen problemlos möglich sind. Die gängigen Textverarbeitungsprogramme sind derart mächtige Werkzeuge, dass sie selbst zur Erstellung einer Dissertation nur einen Teil ihres gesamten Funktionsumfangs einsetzen müssen.

Auch wenn man kein power user von Textverarbeitungs-, Tabellenkalkulations- und Grafikprogrammen ist, profitiert man trotz anfänglichen Einarbeitungsaufwandes vom Einsatz eines eigenen Computers bei der Ausarbeitung bereits kürzerer Texte. Ein weiterer unschätzbarer Vorteil der Textverarbeitung mit dem PC besteht darin, dass Bilder, Grafiken und Tabellen aus anderen Programmen eingebunden bzw. eingescannt werden können. Damit existiert die ganze Arbeit in einem Dokument, kann mit fortlaufenden Seitenzahlen versehen und insgesamt ausgedruckt und geheftet oder gebunden werden. Einlegearbeiten sind nur noch erforderlich, wenn einzelne Seiten Überformate aufweisen.

Dass man seine eigenen Texte als E-Mail an Interessierte bzw. zur Diskussion versenden und sogar im Internet präsentieren kann, ist ein weiterer Nebeneffekt.

3.7.1 Anforderungen an die Software

Welches der richtige Computer ist, richtet sich danach, welche Aufgaben er erfüllen soll. Es sind eine Menge Varianten an Neu- und Secondhand-Geräten verfügbar, das Marktangebot ist vielfältig, die Preise günstig mit weiter sinkender Tendenz. Anders sieht die Situation auf dem Markt der Computerprogramme aus. Hier hat ein Anbieter seit Jahren eine Quasi-Monopolstellung inne. Neben dem Programm des Marktführers, Microsoft Office, bietet auch das Konkurrenzprodukt Open Office alle Funktionen, die man als Autor einer wissenschaftlichen Arbeit braucht. Das Programm Open Office hat einen etwas geringeren Bedienungskomfort als das des Konkurrenten Microsoft, ist dafür aber fast kostenlos erhältlich, entweder immer wieder einmal auf den Heft-CDs spezieller Computer-Fachzeitschriften, gegen eine geringe Gebühr als Original-CD vom Hersteller oder als Download aus dem Internet.

So löblich und unterstützenswert es ist, dass es mit Open Office ein kostenloses Konkurrenzprogramm zum marktbeherrschenden Programm von Microsoft gibt: es bedarf gewisser Anwenderkenntnisse, um mit Open Office zurecht zu kommen, denn die Funktionen sind anfangs nicht immer gleich zu finden und die Hilfefunktion ist nicht sehr gut entwickelt.

Wenn man sich mit Microsoft Word bereits gut auskennt, kommt man mit Open Office Writer schnell zurecht. Wenn man sich aber in spezielle Funktionen noch einarbeiten muss und dazu noch auf Hilfe angewiesen ist, erfordert Writer von Open Office einen höheren Aufwand und bietet weniger Hilfen als Word von Microsoft. Der in Unternehmen und öffentlichen Verwaltungen sich vollziehende Wechsel zu lizenzunabhängigen Betriebssystemen und Anwendungsprogrammen zeigt jedoch, dass alternative Softwarelösungen an Bedeutung gewinnen. Dem verstärkten Einsatz von Open Office im privaten Bereich steht daher nichts entgegen.

3.7.2 Gliederungsfunktion (Textverarbeitung) und Arten der Gliederung

Die Gliederung kann auch dazu verwendet werden, um sich schnell in einem Dokument zu bewegen bzw. um sich die jeweilige Stelle im Dokument anzeigen zu lassen. Man kann z. B. auf eine Überschrift klicken, um sofort auf den zu der Überschrift gehörenden Text im Dokument zu gelangen.

Strukturieren Sie ein neues Dokument, indem Sie die Überschriften in der Gliederungsansicht eingeben. Das Programm weist den Überschriften und Unterüberschriften automatisch die vordefinierten Überschrift-Formatvorlagen zu. Um den Überblick über ein Dokument zu verbessern und dessen Neustrukturierung zu erleichtern, kann man sich nur die gewünschten Überschriften anzeigen lassen.

So könnte eine unstrukturierte Grobgliederung im Konzept folgendes Aussehen haben:

Einleitung

Hauptteil

Theoretische Grundlegung

Praktische Anwendung

Ergebnis

Schluss

In einer ersten Untergliederung erhält das Konzept folgendes Aussehen:

Einleitung

Hauptteil

Theoretische Grundlegung

Praktische Anwendung

Ergebnis

Schluss

Der besondere Nutzen der Gliederungsfunktion besteht für eine wissenschaftliche Arbeit darin, dass

- ein permanenter Überblick über Aufbau und Struktur der Arbeit existiert,
- Verschiebungen im Aufbau durch Umgruppierung von Gliederungspunkten,
- Höher- und Tieferstufen einzelner Gliederungspunkte

auf einfache Weise vorgenommen werden können. Durch die Beschränkung der Bildschirmansicht auf Hauptüberschriften, Kapitelüberschriften sowie je nach Tiefe der Gliederung der Einbeziehung weiterer Unterüberschriften kann der formulierte Text ausgeblendet werden. Die Aufmerksamkeit wird dadurch auf den Aufbau der Arbeit, die Anordnung der einzelnen Abschnitte sowie die Schwerpunktsetzungen konzentriert.

Alle mit beliebigen Umgliederungen und Verschiebungen verbundenen Folgeänderungen erfolgen automatisch durch das Programm. Wird z. B. ein ganzes Kapitel verschoben (Kapitel 3 wird Kapitel 2 und umgekehrt), werden mit der Umgliederung der Kapitelüberschrift alle Unterüberschriften des Kapitels mit ihren zugehörigen Textkörpern und sonstigen Inhalten (Tabellen, Abbildungen usw.) einschließlich aller Fußnoten mitgenommen. Seitenzahlen, Verzeichniseinträge (Abbildung 1, Abbildung 2 ...) und Fußnoten werden automatisch neu durchnummeriert. Nur für die Aktualisierung der Verzeichnisse (Inhaltsverzeichnis, Abbildungsverzeichnis ...) ist ein Befehl erforderlich.

Die Gliederungsfunktion ermöglicht es, Texte beliebig umzustrukturieren, weil für die damit verbundenen Änderungen kein Aufwand entsteht. Hauptvorteil der Funktion ist aber die Beschränkung auf ausgewählte Überschriften (Gliederungsebenen). Durch die Ausblendung des geschriebenen Textes in der Bildschirmanzeige erhält man auf einen Blick die Übersicht über die Arbeit. Man kann ohne Mühe verschiedene Gliederungsaufbauten testen, bis man die beste Lösung gefunden hat. Dasselbe gilt für die Form (klassisch, elegant, ausgefallen ...) und die Art der Nummerierung der Gliederung.

Ein weiterer Nutzen der Gliederungsfunktion besteht darin, dass man spontane Ideen, bessere Formulierungen oder Fundstellen direkt an der richtigen Stelle im Text einarbeiten kann. Durch die Möglichkeit, alle Gliederungspunkte jederzeit bearbeiten zu können, werden gute Ideen gesichert und müssen nicht zu einem späteren Zeitpunkt eventuell mühevoller aufgearbeitet werden. Die ständige Entwicklung aller Passagen der Arbeit sowie der Überblick über deren Zusammenhang werden dadurch entscheidend erleichtert.

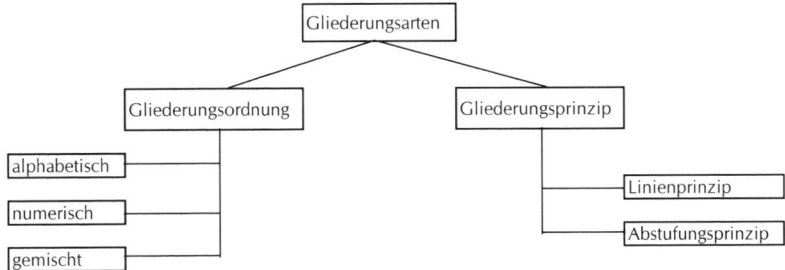

Übersicht 6:   Mögliche Arten der Gliederung für wissenschaftliche Arbeiten[30]

	Thema		Thema
1	xxxxxxxxxx	A	xxxxxxxxxx
	1.1 xxxxxx	I.	xxxxxx
	1.2 xxxxxx	II.	xxxxxx
	1.3 xxxxxx	III.	xxxxxx
2	xxxxxxxxxx		a. xxxx
	2.1 xxxxxx		b. xxxx
	2.2 xxxxxx		aa. xx
	2.3 xxxxxx		bb. xx
		B	xxxxxxxxxx

Übersicht 7:   Ansicht verschiedener Gliederungsformen

Eine Gliederung, in der sich

• Logik des Aufbaus (Abfolge der Gliederungspunkte),

• Anordnung der Punkte und Unterpunkte
  (Darstellung und Argumentation),

• Schwerpunktsetzung (Erfüllt die Gliederung die Erwartungen, die durch den Titel und die Überschriften geweckt werden?) und

• Originalität (Ist die Themenstellung „spannend" aufbereitet und motiviert die Gliederung zur Lektüre der Arbeit?)

---

[30] in Anlehnung an Ebster, Claus/Stalzer, Lieselotte: Wissenschaftliches Arbeiten für Wirtschafts- und Sozialwissenschaftler, Wien 2003, S. 86

gleichermaßen widerspiegeln, gelingt niemals im ersten Anlauf. Erst nach mehreren Entwürfen, die in den Folgetagen erneut überdacht werden müssen,[31] und vor allem erst, wenn die Texte der einzelnen Gliederungspunkte formuliert sind oder wenigstens deren Inhalte feststehen, wird man zu einem zufrieden stellenden Ergebnis kommen.

Bei der Entscheidung für einen bestimmten Gliederungstyp ist zu bedenken, dass die Gliederung einen ersten Eindruck der Arbeit vermittelt, der möglichst positiv ausfallen muss. Übersichtlichkeit, gute Orientierungsmöglichkeiten für den Leser und richtige Schwerpunktbildungen sollen die Arbeit über die inhaltliche Leistung hinaus gut präsentieren. Die Gliederung bzw. die Inhaltsübersicht und das Inhaltsverzeichnis stellen die Visitenkarte des Autors und seiner Arbeit dar.

3.7.3 Verzeichnisfunktion

Verzeichnisse haben die Funktion, einen Überblick über Inhalt und Aufbau einer wissenschaftlichen Arbeit zu erleichtern, das gezielte Auffinden bestimmter Passagen zu unterstützen sowie bestimmte Konventionen der Darstellung zusammenzufassen.

Zu den Hauptverzeichnissen, die jede wissenschaftliche Arbeit enthält, zählen

• das Inhaltsverzeichnis und

• das Literatur- oder Quellenverzeichnis.

Andere Verzeichnisse sind im Einzelfall erforderlich:

• ein Abkürzungsverzeichnis,

• ein Symbolverzeichnis,

wenn die Arbeit eine Vielzahl nicht selbsterklärender Abkürzungen enthält bzw. wenn mit Formeln und Symbolen gearbeitet wird.

Die Verwendung von Abkürzungen verfolgt zwei wesentliche Zwecke:[32]

• Abkürzungen für Zeitschriftentitel und Gesetze verkürzen die Zitiertexte und damit vor allem die Fußnoten.

• Das Literaturverzeichnis wird durch Kurzbezeichnungen um längere Wiederholungen entlastet.

---

[31] vgl. Scholz, Dieter: Diplomarbeiten normgerecht verfassen, Würzburg 2001, S. 43

[32] vgl. Bänsch, Axel: Wissenschaftliches Arbeiten, München 2003, S. 41

Deswegen soll das Abkürzungsverzeichnis möglichst auf eine Seite begrenzt werden. Es soll nicht die Form eines Nachschlagewerks annehmen, sondern den Leser entlasten.

Mit Hilfe des im Textverarbeitungsprogramm enthaltenen Formeleditors können mathematische Beziehungen jeder Art einschließlich einer Vielzahl von Symbolen erzeugt und als Grafik dargestellt werden. Das Verzeichnis der verwendeten Symbole ist daraus allerdings nicht automatisch zu erzeugen, sondern muss ebenso wie das Verzeichnis der Abkürzungen manuell erstellt werden.

Weitere Verzeichnisse, die auch als Unterverzeichnisse bezeichnet werden, sind nicht zwingend erforderlich.[33] Diese sind z. B.

• das Verzeichnis der Schaubilder oder Verzeichnis der Abbildungen,

• das Verzeichnis der Tabellen,

• das Verzeichnis der Darstellungen (Abbildungen und Tabellen in einem gemeinsamen Verzeichnis).

Die Namen der Verzeichnisse sind frei wählbar (Verzeichnis der Abbildungen, Schaubilder, Formeln, Tabellen, Übersichten ...), sie stellen keine zwingenden Erfordernisse, sondern einen zusätzlichen Service für den Leser dar. Diese Verzeichnisse werden durch das Programm erzeugt, wenn Beschriftungen für Abbildungen, Grafiken, Grafikdateien, Folien bzw. andere Darstellungen vergeben werden und die entsprechende Zuweisung zu einem Verzeichnis erfolgt.

3.7.4 Aktualisieren von Verzeichnissen

Alle Verzeichnisse mit Ausnahme des Literaturverzeichnisses, das nach dem Text der Arbeit (vor einem evtl. erforderlichen Anhang[34]) aufgeführt wird, sind Bestandteil des Inhaltsverzeichnisses.[35] Der Hinweis auf die Notwendigkeit zur Aktualisierung aller Verzeichnisse soll auch daran erinnern, dass die Automatik des Programms Verzeichnisse nur auf Befehl aktualisiert. Es wäre peinlich, einen Text in Druck zu geben, der nicht aktualisierte Verzeichnisse aufweist, sei es in der Endfassung oder als Präsentation des bislang Geleisteten

---

[33] Vgl. Scholz, Dieter: Diplomarbeiten normgerecht verfassen, Würzburg 2001, S. 43

[34] Vgl. ibidem, S. 57

[35] Stichwort- und Namensverzeichnis werden ebenfalls nach dem Literaturverzeichnis aufgeführt. Diese Register sind jedoch in Seminar-, Diplom- und Doktorarbeiten unüblich.

gegenüber dem Betreuer. Eine entsprechende Kontrolle ist daher immer wichtig. Wenigstens stichprobenartig sollte man überprüfen, ob die Überschriften von Gliederungspunkten mit den Überschriften im Inhaltsverzeichnis identisch sind oder ob eine Abbildung tatsächlich auf der im Abbildungsverzeichnis ausgewiesenen Seite erscheint.

Wenn das automatisch erstellte Inhaltsverzeichnis den Seitenumbruch im Dokument ändert, muss unter Umständen das Feld erneut aktualisiert werden, damit das Inhaltsverzeichnis die korrekten Seitenzahlen enthält.

Wird ein gesamtes Verzeichnis aktualisiert, gehen außerdem Formatierungen und Texte verloren, die dem fertig gestellten Verzeichnis nachträglich hinzugefügt wurden.

3.7.5 Verknüpfen und Einbinden von Tabellen und Grafiken aus anderen Anwendungen und Programmen

Gute Abbildungen und Tabellen lockern nicht nur Texte auf, auch der Eindruck einer gelungenen grafischen Darstellung auf den Betreuer ist nicht zu unterschätzen. Meist handelt es sich um Schaubilder, Diagramme, gelegentlich um zeichnerische Darstellungen (Bsp. Indifferenzkurven), die in kompatiblen Grafikprogrammen oder konvertierbaren Formaten direkt in den Text verankert werden können.

Häufiger werden Änderungen an importierten Grafiken erforderlich, entweder um diese zu ergänzen, zu erweitern oder auch nur, um Beschriftungen hinzuzufügen. In derartigen Fällen ist es notwendig, die entsprechende Software einsetzen zu können und sich nicht mit den eingeschränkten Möglichkeiten des Textverarbeitungsprogramms bei der Bearbeitung von Grafiken zu begnügen. Dies gilt noch mehr für die Fälle, in denen Darstellungen nicht von kompatibler Software erzeugt, sondern aus mehr oder weniger guten Vorlagen (ältere Zeitschriften, Dokumente) gescannt wurden.

Eine dynamische Verknüpfung (Dynamic Data Exchange = Dynamischer Datenaustausch) stellt eine Verbindung zu einem Dokument her, das in einer anderen Anwendung unter Windows erstellt wurde. Wenn in einem verknüpften Dokument neue Informationen zur Verfügung stehen, fügt ein DDE-Feld diese erst ein, wenn es aktualisiert wird. Ein DDEAUTO-Feld fügt die neuen Daten sofort ein, wenn diese verfügbar sind. Wenn Word bei dem Versuch, ein DDE- oder DDEAUTO-Feld zu aktualisieren, die Verknüpfung nicht herstellen kann, bleibt das ursprüngliche Feldergebnis erhalten.

Für das Erstellen von Gleichungen empfiehlt sich die Verwendung des Formel-Editors. Eine umständlichere Möglichkeit bietet das FORMEL-Feld, wenn der Formel-Editor nicht installiert ist oder wenn Gleichungen in Normalfolge geschrieben werden sollen. Die Verknüpfung eines FORMEL-Feldes kann nicht gelöst werden. Durch schnelles Doppelklicken auf ein FORMEL-Feld, wird das Feld in ein eingebettetes Formel-Editor-Objekt konvertiert.

Der Hauptunterschied zwischen verknüpften und eingebetteten Objekten besteht im Speicherort der Daten und in der Aktualisierungsart nach dem Einfügen in der Zieldatei.

Verknüpftes Objekt: Daten (Objekt), die in einer Datei erstellt (Quelldatei) und in eine andere Datei (Zieldatei) eingefügt werden, wobei eine Verbindung zwischen den beiden Dateien bestehen bleibt. Eine Aktualisierung der Quelldatei wirkt sich automatisch auf das verknüpfte Objekt in der Zieldatei aus. Ein verknüpftes Objekt wird nicht zum Teil der Zieldatei.

Eingebettetes Objekt: In eine Datei (Zieldatei) eingefügte Daten (Objekt). Sobald ein Objekt eingebettet wurde, ist es Teil der Zieldatei. Wenn Sie auf ein eingebettetes Objekt doppelklicken, wird das Programm (Quellprogramm) geöffnet, in dem das Objekt erstellt wurde. Alle an dem eingebetteten Objekt vorgenommenen Änderungen wirken sich auf die Zieldatei aus.

Bei einem verknüpften Objekt werden die Daten nur aktualisiert, wenn die Quelldatei geändert wird. Verknüpfte Daten werden in der Quelldatei gespeichert. In der Zieldatei wird nur der Speicherort der Quelldatei gespeichert und eine Darstellung der verknüpften Daten angezeigt. Verwenden Sie verknüpfte Objekte, wenn die Dateigröße berücksichtigt werden muss.

Bei einem eingebetteten Objekt werden die Daten in der Zieldatei beim Bearbeiten der Quelldatei nicht geändert. Eingebettete Objekte werden Teil der Zieldatei, und sind, wenn sie einmal eingefügt wurden, nicht mehr Bestandteil der Quelldatei. Doppelklicken Sie auf das eingebettete Objekt, um es im Quellprogramm zu öffnen.

Diese Ausführungen zeigen, dass das Importieren und Aktualisieren von Daten in das Textverarbeitungsprogramm nicht ganz einfach ist und einiges Detailverständnis voraussetzt. Selbst wenn sich tabellarische Darstellungen mit integrierten Berechnungen in den Text einbinden lassen, sollte man bei längeren Texten (über 30 Seiten) auf Verknüpfungen möglichst verzichten und stattdessen vom Text losgelöst einen tabellarischen Anhang erstellen. Schwierigkeiten bei der Aktualisierung, beim Ausdruck oder gar Datenverluste können beim Verknüpfen oder Einbetten immer auftreten und rauben wertvolle Zeit.

3.7.6 Nutzen der Auto-Text-Funktion (Textbausteine)

Das Erstellen einer wissenschaftlichen Arbeit ist eine Leistung, die nicht mit standardisierten Formulierungen zu bewältigen ist. Zur Entfaltung der eigenen Denkleistung und Kreativität ist es jedoch hilfreich, wiederholt erforderliche Eingaben zu vereinfachen, gegen Fehler abzusichern und damit auch den Kontroll- und Überarbeitungsaufwand zu senken.

Ein solcher Fall liegt bei der Aufführung zitierter Autoren und Quellen vor, der durch folgende Merkmale gekennzeichnet ist:

• Autoren und Quellen werden meistens mehrfach im Text zitiert,

• sie sind in den Fußnoten und im Literaturverzeichnis aufzuführen,

• es muss einheitlich zitiert werden.

Für jeden Eintrag muss ein Tastaturkürzel vergeben werden, das beim Einfügen des Textes zur Auslösung der Autotext-Funktion benötigt wird. Den Überblick über die vergebenen Kürzel zu bewahren, ist jedoch ein wesentlich geringerer Aufwand angesichts der Sicherheit, dass in Fußnoten und im Literaturverzeichnis keine Zitierfehler auftreten, wenn der Autotext-Eintrag korrekt erfolgte.

Weiterhin wäre denkbar, die Autotextfunktion auf sich wiederholende Formulierungen und Begriffe mit schwieriger oder ungewöhnlicher Schreibweise (z. B. mit Akzenten, Tilden, Sonderzeichen), auszudehnen.

Es ist nicht ganz auszuschließen, dass für ein- und dieselbe Quelle zwei Autotext-Einträge mit möglicherweise nicht ganz identischen Inhalten erstellt werden. Zur Sicherheit kann man die Einträge auflisten, in das Tabellenkalkulationsprogramm exportieren und dort sortieren lassen. Doppelte Einträge können auf diese Weise gut identifiziert werden.

3.7.7 Software zum Bibliographieren

Systematisieren ist ein wesentliches Merkmal der Techniken und Methoden des wissenschaftlichen Arbeitens. In der Endphase des Studiums, vor der Erstellung einer Abschlussarbeit, zeigt sich häufig ein Defizit an Methodik. Ohne durchdachte Systematik ist es schwer, die Unmengen von Quellen zu recherchieren, zu sichten, zu lesen, die Theorien und Argumentationsgänge zu erfassen und zu verstehen, Kontexte zu anderen Quellen herzustellen, Wichtiges zu exzerpieren und dann einen Überblick zu wahren, was in welchem Buch zu finden ist.

Leicht verlieren sich Gedankengänge aus dem Blick, die eigentlich wichtig sind. Ebenso leicht werden Quellen vergessen, die eigentlich zitiert werden sollten, oder ein Text soll zitiert werden, aber das entsprechende Buch ist bereits wieder in der Bibliothek und inzwischen verliehen. Wenn keine Zusammenfassungen oder Kopien des Buches vorliegen, kann der Zeitplan leicht ins Wanken geraten bzw. es muss viel Energie in die Quellenbeschaffung investiert werden.

Nicht allein die hundert und mehr Quellen, welche für Bachelor- und Masterarbeiten (Diplomarbeiten) oder die Doktorarbeit gesichtet, ausgewählt, erarbeitet und schließlich zitiert werden müssen, sind der Anlass, den Einsatz von Software für Literaturmanagement und Wissensorganisation in Erwägung zu ziehen. Wissenschaftliche Arbeiten werden in zunehmendem Maße als Online-Dokumente (PDFs oder HTML-Seiten) zur Verfügung gestellt. Der Reiz der EDV-Lösung besteht darin, in digitaler Form verfügbare Texte nicht nur zu archivieren und jederzeit wiederauffindbar zu haben, sondern diese Texte direkt weiterverarbeiten zu können, z. B. bei der Übernahme wörtlicher Zitate oder als Quellennachweis im Literaturverzeichnis der Arbeit.

Ein Programm darf nicht zu viel Zeit zur Einarbeitung erfordern, vor allem sollte es nicht so kompliziert sein, dass man in Übung bleiben muss, um es bedienen zu können. Generell sollte man sich bei der Entscheidung für ein Literaturverwaltungsprogramm an den möglicherweise bereits im Institut bzw. an der Hochschule verwendeten Systemen orientieren. Welches Literaturverwaltungssystem ist das richtige? Man unterscheidet drei Gruppen:

• Bibliographen

• Zettelkästen

• Hybriden

Mit den Bibliographen können über eine große Anzahl an Eingabefeldern Quellen detailliert erfasst werden. Zettelkästen ermöglichen die inhaltliche Erschließung von Literatur. Der virtuelle Zettelkasten ist aufwendiger zu führen als ein nur auf Bibliographieren spezialisiertes Programm, weil die zu verarbeitende Literatur über vom Benutzer festzulegende Schlagworte kategorisiert werden muss. Programme, die beides beherrschen, bibliographische Datenerfassung und Zettelkasten-Technik, erfordern hohen Aufwand, da bibliographische Daten zu erfassen, Textstellen einzugeben oder zu importieren sind sowie die Verweise zwischen einzelnen Exzerpten, Autorenangaben und Ideen zu setzen und zu pflegen sind. Das ist Arbeit. Das Ergebnis sind aber sehr weit entwickelte Manuskripte, die sich in der Datenbank der Literaturverwaltung heranbilden und ein virtuelles Gedächtnis für weitere wissenschaftliche Arbeiten und Publikationen.

Ein Wechsel von der realen zur virtuellen Bibliothek wird jedoch nicht erfolgen. Auf Dauer wird der Prozentsatz digitalisiert vorliegender Dokumente, sowohl neu entstehender als auch in Konversion erzeugter älterer Texte im Vergleich zur Weltproduktion von Wissen (jährlich erscheinen ca. 1,2 Millionen Bücher) verschwindend gering bleiben wird. Angesichts des Aufwandes, der mit Digitalisierungsprojekten verbunden ist, kann insgesamt nur ein geringer Prozentsatz der Gesamtbestände aller Bibliotheken bearbeitet werden.

Für eine einzige wissenschaftliche Arbeit ist es daher nicht lohnend, von der Zettelwirtschaft (die auch bei Stromausfall funktioniert und betriebssystemunabhängig ist) auf eine sofwaregestützte Lösung umzusteigen.

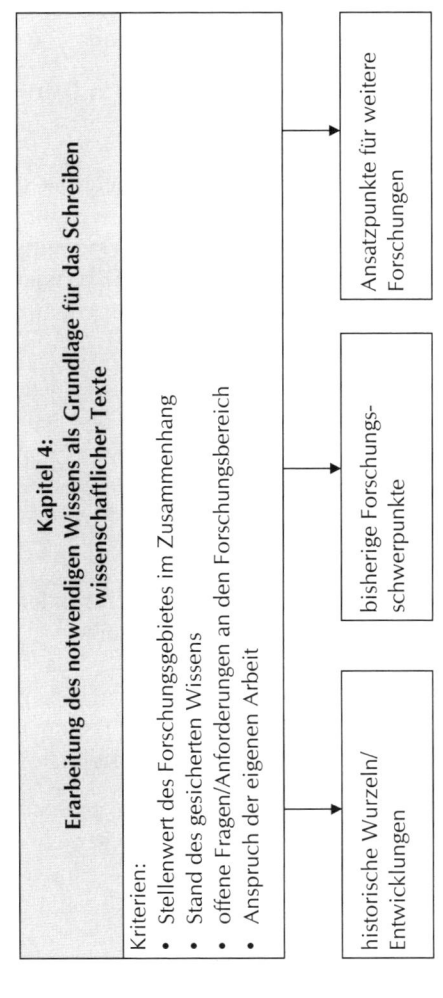

Kapitel 4:
Erarbeitung des notwendigen Wissens als Grundlage für das Schreiben wissenschaftlicher Texte

Kriterien:
- Stellenwert des Forschungsgebietes im Zusammenhang
- Stand des gesicherten Wissens
- offene Fragen/Anforderungen an den Forschungsbereich
- Anspruch der eigenen Arbeit

historische Wurzeln/ Entwicklungen

bisherige Forschungs- schwerpunkte

Ansatzpunkte für weitere Forschungen

4. Erarbeitung des notwendigen Wissens als Grundlage für das Schreiben wissenschaftlicher Texte

4.1 Einarbeitung in den aktuellen Forschungsstand des Themas

Eine systematische Erarbeitung und Ausformulierung der relevanten Inhalte des Themas ist Grundlage für das Schreiben wissenschaftlicher Texte. Die Darstellung des Forschungsstandes dient der Darlegung der bisherigen Entwicklung des Wissenschaftsgebietes sowie der Begründung des eigenen Themas. Das Thema muss in den Gesamtzusammenhang eingebettet werden, dem es entstammt.

Die Kenntnis des aktuellen Forschungsstandes ist für jede Art wissenschaftlicher Arbeit wichtig, selbst wenn sein Umfang der Darstellung jeweils unterschiedlich ist. In einer **Dissertation** ist die Darstellung des Standes der Forschung von größter Bedeutung, weil daraus die Notwendigkeit weiterer Forschung und damit der Beitrag der eigenen Arbeit zum Erkenntnisfortschritt begründet wird.

Bei **Seminararbeiten und Bachelor- und Masterarbeiten (Diplomarbeiten)** ist der Anspruch an den Beitrag zum Erkenntnisfortschritt weit geringer als bei einer Dissertation. In einer Seminararbeit geht es darum, zu einem eng begrenzten Thema die in der Literatur dargestellten Erkenntnisse aufzuarbeiten und zu beurteilen. Die Notwendigkeit weiterer Forschungen wird allenfalls in der Schlussbetrachtung der Seminararbeit festgestellt.

Die **Bachelor-/Masterarbeit (Diplomarbeit)** hat gegenüber der Seminararbeit insofern einen höheren Anspruch, als man sich nicht nur kritisch mit dem Thema, sondern auch mit der Kritik zum Thema inhaltlich auseinandersetzen muss. Daher beansprucht die Auseinandersetzung mit der Problemstellung – die Begründung der Notwendigkeit des Themas – bei der Bachelor-/Masterarbeit (Diplomarbeit) einen eigenen Gliederungspunkt, während es bei der Seminararbeit vorrangig darum geht, relevantes Wissen auszuarbeiten und dieses möglichst verständlich und originell darzustellen.

Bei der Erarbeitung eines vorgegebenen, eng begrenzten Themas (vorrangiges Ziel einer **Seminararbeit**), dessen inhaltlicher Konkretisierung (Gegenstand jeder wissenschaftlichen Arbeit) oder bei der Themenfindung (Grundlage der

Bachelor-/Master- (Diplom-) und der Doktorarbeit) ist der Stand der Forschung immer gegenwärtig, da man in der Regel die neuesten Quellen verarbeitet. Für das Erfassen von Zusammenhängen, das Erkennen von Entwicklungen, die Bildung eines eigenen Problembewusstseins und eine eigenständige Auseinandersetzung mit dem Thema ist es jedoch erforderlich, sich auch Quellen zu erarbeiten, auf denen aktuelle Veröffentlichungen aufbauen.

4.2 Historische Wurzeln der Thematik

Es macht sich immer gut, den Stand der Forschung auf seine Anfänge zurückzuführen und zu der eigenen Thematik eine Verbindung herzustellen. Damit kann man die Koryphäen der jeweiligen Disziplin zitieren. Ihre wissenschaftliche Leistung ist zumeist umfassend gewürdigt, so dass man hier keine Fehler in der Darstellung und Bewertung machen kann. Psychologisch hat dies den Vorteil, dass man schon am Text der Arbeit formuliert und das Literaturverzeichnis aufgebaut wird.

Die Aufarbeitung der Historie einer Themenstellung

- verschafft den Einstieg in das Thema,
- vermittelt ein grundlegendes, zumindest besseres Problemverständnis,
- ermöglicht die Herstellung des Bezuges zu bedeutenden Forschungsleistungen,
- verschafft einen Überblick über die zum Thema bestehenden unterschiedlichen Forschungsrichtungen,
- bildet den Ausgangspunkt für das Erkennen und die Begründung der generellen Bedeutung eines Themas,
- führt zu notwendigen Eingrenzungen und Konkretisierungen, die das Thema innerhalb des vorgegebenen Zeitlimits bewältigbar machen,
- begründet adäquate inhaltliche Schwerpunktbildungen.

Ziel ist nicht, möglichst viel Literatur zusammenzutragen, sondern das Erkennen von Entwicklungen, Schwerpunkten und bestehenden oder möglichen Verbindungslinien zwischen Einzelaspekten sowie daraus sich ergebender Erkenntnisse.

Je besser das Verständnis und die Einsicht in wesentliche Zusammenhänge, desto präziser lassen sich innovative Problemstellungen erkennen und formulieren, umso klarer entwickelt sich die zu behandelnde Problemstellung, d. h.

die Beantwortung der Gretchenfrage „Worum geht es eigentlich bei diesem Thema?"

Ausgehend von Quellen neuesten Datums und den darin enthaltenen Literaturverzeichnissen und Hinweisen erarbeitet man schrittweise ein eigenes Verständnis für die zu bearbeitende Problematik. Man agiert vergangenheitsorientiert, bis man zu dem Punkt gelangt, der geeignet erscheint, als Ausgangspunkt für den Aufbau der Argumentation der eigenen Arbeit herangezogen zu werden.

Zur Veranschaulichung des Vorgehens zur Aufarbeitung der historischen Wurzeln eines Themas kann man sich an der folgenden Übersicht orientieren, deren Darstellung der Vorläufer der Umweltökonomie sich leicht auf andere Bereiche übertragen lässt.[36]

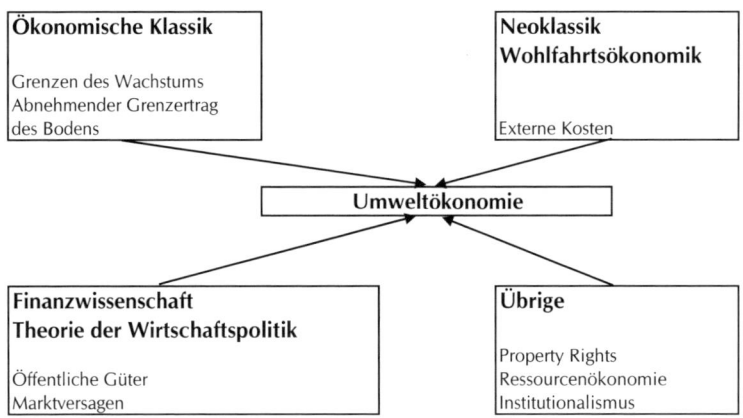

Übersicht 8: *Systematische Darstellung der Forschungsrichtungen eines Wissenschaftsbereiches als Beispiel für mögliche Ansatzpunkte zur weiteren Präzisierung von Themen aus dem Bereich „Umweltökonomie"*

---

[36] Aus Frey, René L. et al. (Hrsg.): Mit Ökonomie zur Ökologie. Analyse und Lösungen des Umweltproblems aus ökonomischer Sicht, Basel/Frankfurt am Main 1991, S. 9

4.3 Bisherige Forschungsschwerpunkte und -ergebnisse

Die wesentlichsten Forschungsleistungen auf dem themenrelevanten Gebiet sind einschließlich ihrer praktischen Verwertbarkeit darzustellen und zu würdigen. Hier muss insbesondere deutlich werden, ob es sich bei der gewählten Ausrichtung des Themas um eine relativ junge oder um eine lange etablierte Forschungsrichtung handelt.

Die Aufarbeitung der historischen Wurzeln des Wissenschaftsgebietes dient dem Zweck, diejenigen Teilgebiete herauszuarbeiten, die mit der zu behandelnden Thematik in Zusammenhang stehen und sie mehr oder weniger stark beeinflussen. Unter den Gesichtspunkten der Aktualität, der weiteren Verwertbarkeit und des Interesses wird nunmehr eine Forschungsrichtung ausgewählt, die diesen Aspekten sowie den Interessen, Fähigkeiten und Möglichkeiten des Autors am besten entspricht.

Dabei ist für die Bachelor-/Masterarbeit (Diplomarbeit) angesichts der beschränkten Bearbeitungszeit Voraussetzung, dass die eigenen Vorstellungen inzwischen soweit feststehen, um den Gegenstand der Untersuchung in einen Begriff fassen zu können (z.B. Diplomarbeit im Bereich Controlling zum Thema „Betriebliche Kennzahlen" oder Masterarbeit zur Entwicklung eines alternativen Bewertungsverfahrens für das Anlagevermögen). Bei der Dissertation ist das Thema zu diesem Zeitpunkt in einen vorläufigen Arbeitstitel gefasst (z.B. Qualitätsmessung und technischer Fortschritt). In beiden Fällen sind die Vorstellungen hinsichtlich der theoretischen Grundlage und des Ziels der Arbeit geklärt, im Fall der Bachelor-/Masterarbeit (Diplomarbeit) ist die Arbeit wesentlich genauer eingegrenzt als dies angesichts der höheren Anforderungen an Eigenleistung und Erkenntnisfortschritt bei der Dissertation zu diesem Zeitpunkt möglich ist.

Hat man sich für eine Forschungsrichtung entschieden (z.B. die neoklassische Richtung der Umweltökonomie), folgt nunmehr die detaillierte Darstellung der innerhalb dieser Richtung entwickelten verschiedenen theoretischen Ansätze. Gibt es nur einen Ansatz, so ist dieser kritisch aufzuarbeiten sowie seine Vor- und Nachteile darzustellen. Darauf aufbauend können dann Modifikationen oder eigene Weiterentwicklungen begründet werden.

Im Allgemeinen gibt es jedoch in jeder Forschungsrichtung mehrere unterschiedliche Ansätze und Modelle, die zum Teil gemeinsame Grundlagen aufweisen. Daher muss man in der Regel mehrere Ansätze und Modelle aufarbeiten, um den für die eigene Problemstellung besten Untersuchungsansatz begründen und entwickeln zu können. Auch dabei kann eine grafische Darstellung zu besserem Überblick verhelfen.

In einer Darstellung könnten z. B. in chronologischer Folge wichtige Vertreter des Forschungsgebietes einschließlich ihrer Bedeutung für das Thema dargestellt werden.

4.4 Nicht befriedigend geklärte Forschungsfragen

Aus den gesicherten Forschungsergebnissen wird das theoretische Fundament der eigenen Arbeit abgeleitet. Offene Fragen oder bisher weniger verfolgte Forschungsrichtungen liefern Ansatzpunkte für weitergehende Untersuchungen.

Man sollte sich bewusst machen, dass jeglicher wissenschaftlicher Fortschritt auf bestehenden Erkenntnissen aufbaut, abgesehen von den seltenen Fällen revolutionären Fortschritts, der in technisch-naturwissenschaftlichen Forschungen erzielt wird. Fortschritt in den Gesellschaftswissenschaften ist eine fragwürdige Kategorie, er vollzieht sich nicht direkt, sondern auf Umwegen, beeinflusst von neuen Ideen, Bedürfnissen oder Notwendigkeiten. Manches, das als Fortschritt ausgegeben wird, entstammt dem Gedankengut früherer Generationen, wie in Begriffsbildungen wie Neoklassik oder Postkeynesianismus anschaulich zutage tritt.[37]

Unter diesem Gesichtspunkt ist die Notwendigkeit des Studiums der historischen Wurzeln einer wissenschaftlichen Fragestellung nochmals besonders hervorzuheben. Für die Umsetzung des Fortschrittsanspruchs einer wissenschaftlichen Arbeit bedeutet dies:

- der Anspruch ist bescheiden,
- er vollzieht sich in kleinen Schritten, vielleicht in einem einzigen kleinen Schritt,
- nicht mit einem Anspruch an die Arbeit herangehen, den man in der Durchführung der Arbeit nicht erfüllen kann oder in der abschließenden Beurteilung relativieren muss,
- lieber ein bestehendes Erklärungsmodell variieren oder erweitern als einen „großen Wurf" anstreben.

---

[37] vgl. Helmstädter, Ernst: Die Geschichte der Nationalökonomie als Geschichte ihres Fortschritts. Eine Exposition zur Dogmengeschichte, in: Issing, Otmar: Geschichte der Nationalökonomie, München 1988

Die eingangs erläuternden Kriterien der Wissenschaftlichkeit enthalten auch das Merkmal „Bescheidenheit". Damit ist, wie sich jetzt zeigt, nicht nur die Charaktereigenschaft des Autors gemeint.

4.5 Aktualität und Notwendigkeit der eigenen Arbeit

Sind die existierenden Forschungsschwerpunkte aufbereitet und deren Erkenntnisse dargestellt, werden daraus die Ansätze der vorliegenden Arbeit entwickelt. Damit erreicht man die Einbettung der eigenen Arbeit in einen bestehenden Forschungszweig und kann gleichzeitig die Notwendigkeit und gegebenenfalls die Neuartigkeit der eigenen Arbeit begründen. Die damit verbundenen Erwartungen sind bei einer **Seminararbeit** erfüllt, wenn

- die relevante Grundlagenliteratur in der jeweils neuesten Auflage herangezogen wird,
- die Inhalte neuester Fachartikel berücksichtigt sind, *I Begründen, warum das*
- eine gegebenenfalls laufende aktuelle Diskussion auf politischer Ebene einbezogen wird, *erh. mir anders ist*
- Aspekte angesprochen werden, die in der Zukunft eine noch stärkere Bedeutung erlangen könnten als in der aktuellen Diskussion,
- die Arbeit in ihrer Gesamtheit (Gliederung, Darstellung und Präsentation) einen in sich geschlossenen Eindruck vermittelt (knappe, präzise Formulierungen, Beschränkung auf die wesentlichen Inhalte, gezielte Auswahl von Abbildungen und Tabellen) und stilistisch gut und orthographisch fehlerfrei geschrieben ist,
- der Autor einen eventuellen mündlichen Vortrag interessant gestaltet und in der Beantwortung von Fragen zeigt, dass er das Thema über seine schriftliche Ausarbeitung hinaus beherrscht,
- eine engagierte und strukturierte Diskussion der Seminarteilnehmer zustande kommt.

Die Anforderungen an eine **Bachelor-/Masterarbeit (Diplomarbeit)** sind bezüglich Aktualität und Notwendigkeit anders gelagert und werden nur durch die Arbeit (ohne mündlichen Vortrag) erfüllt:

- die Gestaltung und äußere Form der Arbeit, die Qualität der Gliederung und das Verzeichnis der verarbeiteten Quellen vermitteln einen ersten, später kaum noch zu korrigierenden Eindruck,

- die besondere Bedeutung und Leistung der Arbeit muss in der Einleitung und im Schlussteil klar zum Ausdruck kommen, weil diese Teile als erste gelesen werden und als Beurteilungsbasis dienen, ob die mit dem Thema verbundenen Erwartungen erfüllt werden,

- dies bedeutet, dass Aktualität und Notwendigkeit einer Bachelor-/Masterarbeit (Diplomarbeit) durch die Gliederung vermittelt, durch das Literaturverzeichnis belegt und in der Einleitung und im Schlussteil knapp und überzeugend formuliert werden müssen.

Bei der **Doktorarbeit** erfolgt die Beurteilung der Aktualität und Notwendigkeit wegen des textlichen Umfanges noch stärker als bei einer Bachelor-/Masterarbeit (Diplomarbeit) anhand von Inhaltsverzeichnis, Einleitung, Schluss und Quellenverzeichnis. Jedoch hat die Dissertation einen deutlich höheren Erkenntnisanspruch als eine Bachelor-/Masterarbeit (Diplomarbeit). Diesem Anspruch wird mit der expliziten Formulierung der Forschungsfrage, einem längeren Einleitungsteil mit Darstellung der Vorgehensweise sowie einem Schlussteil Rechnung getragen, der außer der Darstellung und Beurteilung der Ergebnisse einen Ausblick auf die Notwendigkeit weiterer Forschungen enthält. Die zugehörige mündliche Prüfung (auch Disputatio, Verteidigung oder Rigorosum genannt) sollte in der Regel die schriftliche Note bestätigen.

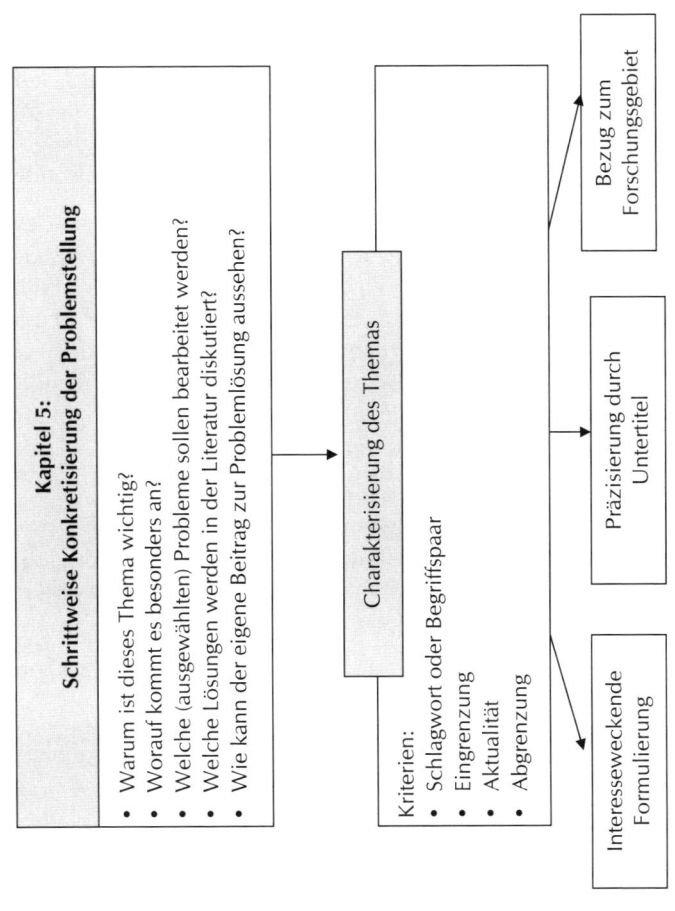

Kapitel 5:
Schrittweise Konkretisierung der Problemstellung

- Warum ist dieses Thema wichtig?
- Worauf kommt es besonders an?
- Welche (ausgewählten) Probleme sollen bearbeitet werden?
- Welche Lösungen werden in der Literatur diskutiert?
- Wie kann der eigene Beitrag zur Problemlösung aussehen?

Charakterisierung des Themas

Kriterien:
- Schlagwort oder Begriffspaar
- Eingrenzung
- Aktualität
- Abgrenzung

Bezug zum Forschungsgebiet

Präzisierung durch Untertitel

Interesseweckende Formulierung

5. Schrittweise Konkretisierung der Problemstellung

Trotz der bislang geleisteten Vorarbeiten, die auch eine Ausformulierung einzelner Aspekte einschließen, befindet sich die Arbeit noch in einem Stadium, das durch sukzessives Heranarbeiten an das optimale Ergebnis gekennzeichnet ist. Das Thema hat zwar durch die Vorarbeiten mehr Kontur bekommen. Aus dem bisher gesammelten Material muss nunmehr eine stringente Gliederung entwickelt werden, ohne dass bereits volle Klarheit über alle relevanten Inhalte und deren Gewichtung geschaffen ist.

Vor diesem Problem steht man nicht nur bei der Bachelor-, Master- (Diplom-) oder Doktorarbeit. Auch relativ klar eingegrenzte Themen von Seminararbeiten können inhaltliche Anforderungen bergen, die nicht von vornherein klar sind. Außerdem muss der Umfang einer Seminararbeit auf eine Seitenvorgabe begrenzt werden, so dass über die Notwendigkeit des Erkennens inhaltlicher Schwerpunkte hinaus möglicherweise noch ein Gewichtungsproblem, nämlich das der Beschränkung auf ausgewählte Schwerpunkte, zu bewältigen ist.

Deshalb sollte man jede Art der wissenschaftlichen Arbeit – auch ein scheinbar konkretes, ausreichend eingegrenztes Thema etwa der Form „Bilanzpolitische Instrumente zur Kapitalerhaltung" – mit derselben Art von Fragen angehen:

5.1 Warum ist dieses Thema wichtig?

Anhand der bisherigen Vorarbeiten ergeben sich die Anhaltspunkte und Belege für die allgemeine Bedeutung des Themas. Dieses Wissen kann zur Formulierung der Einleitung, für die Auswahl relevanter Aspekte und zur Begründung oder Bekräftigung der Argumentation eingesetzt werden.

5.2 Worauf kommt es besonders an?

Zur Lösung dieser Fragestellung sind die gesammelten Informationen zum Thema in eine Rangfolge entsprechend ihrer Wichtigkeit zu bringen. Dabei spielt nicht ausschließlich die objektive Bedeutung von Einzelaspekten eine Rolle, es ist auch möglich, sich auf einen bestimmten Aspekt besonders zu konzentrieren.

Auch in einer **Seminararbeit** kann man sicherlich gut abschneiden, wenn man z. B. ein seltener eingesetztes Instrument der Bilanzpolitik ausführlicher behandelt, vorausgesetzt, man hat mit dem Betreuer in der Vorbereitung eine entsprechende Schwerpunktsetzung abgestimmt und genehmigt bekommen. Schließlich dient jede wissenschaftliche Arbeit dem Erkenntnisfortschritt, der in kleinen Schritten vor sich geht und sich auch auf die Einzelaspekte beziehen kann.

Während es bei einer **Seminararbeit** darum geht, ein Thema eigenständig aufzubereiten und die Eigenständigkeit durch die besondere Hervorhebung einzelner Schwerpunkte demonstriert wird – z. B. weil man zu einem Schwerpunkt besonders viel beitragen kann oder an einem bestimmten Punkt besonderes Interesse hat – konzentriert sich die Frage „Worauf kommt es besonders an?" bei der **Bachelor-/Master- bzw. Diplom- oder Doktorarbeit** stärker auf die Themenabgrenzung. Daher geht es bei diesen beiden Arten wissenschaftlicher Arbeiten besonders um die nachfolgenden drei Fragen.

5.3 Welche (ausgewählten) Probleme sollen bearbeitet werden?

Bei der **Bachelor-/Masterarbeit (Diplomarbeit)** kommt es zwar auch darauf an, ob die Auswahl der Probleme, die man bearbeiten will, den vorgegebenen Themenschwerpunkt trifft, zusätzlich ist aber von ganz entscheidender Bedeutung, ob die zu wählende Problemstellung den Anforderungen an Aktualität, interdisziplinäres Interesse, persönliche Fähigkeiten und Möglichkeiten des Bearbeiters und zukünftige Verwertbarkeit entspricht und ein hohes Maß an Eigenleistung ermöglicht. Eine Bachelor-/Masterarbeit (Diplomarbeit) zum Thema „Deregulierung im Luftfahrtbereich" mag zwar aktuell sein, den Präferenzen des Bearbeiters entsprechen und auch zukünftig verwertbar sein. Ob die Eigenleistung aber über die deskriptive Darstellung von Entwicklungen und Zusammenhängen wesentlich hinausgehen kann, ist nicht von vornherein ersichtlich. Eigene Themenvorschläge beweisen Kreativität und Engagement, müssen hinsichtlich ihrer Realisierbarkeit innerhalb der Zeitvorgabe aber auch verantwortet werden.[38] Im Falle der Wahl eines Bachelor-/Masterarbeitsthemas (Diplomarbeitthemas) aus einer Liste von Vorschlägen sollte man sich nicht sklavisch an der Vorgabe orientieren, sondern versuchen, eigene Vorstellungen in die Formulierung des Themas einzubringen.

---

[38] vgl. Bänsch, Axel: Wissenschaftliches Arbeiten, München 2003, S. 34

Die **Doktorarbeit** ist bezogen auf die Problemauswahl die wissenschaftliche Arbeit mit dem höchsten Anspruch. Hier genügt nicht die bloße Auseinandersetzung mit bestehenden Problemen, deren Aufarbeitung und Verständnis für den Anspruch einer Bachelor-/Masterarbeit (Diplomarbeit) als ausreichender Nachweis der fachlichen Kompetenz des Autors anerkannt wird. In der Doktorarbeit soll nicht nur Problembewusstsein dokumentiert werden, sondern ein bislang nicht gelöstes, genau definiertes Problem einer Lösung näher gebracht werden. Der Isolierung eines Problems, das diesem Anspruch gerecht wird, geht eine längere kritische Auseinandersetzung mit der vollständigen Literatur zum Thema voraus. Die meisten Dissertationen entstehen auf der Grundlage von Arbeitstiteln, deren Konkretisierung im Laufe des Entstehungsprozesses erfolgt und deren endgültige Formulierung vorgenommen wird, wenn die Arbeit im Wesentlichen fertig gestellt ist. Auf dieser Grundlage kann das Thema entsprechend eng gefasst und der Beitrag zum Fortschritt der Wissenschaft zum Ausdruck gebracht werden.

5.4 Welche Lösungen werden in der Literatur diskutiert?

Gegenstand einer **Seminararbeit** ist die inhaltliche Darstellung von Modellen oder Themenstellungen und der mit diesen Inhalten zu lösenden Fragestellungen und Probleme. Die Thematik ist vorgegeben und eingegrenzt, in der Seminararbeit müssen alle in der Literatur zum Thema vorhandenen Lösungsansätze abgehandelt oder zumindest erwähnt werden.

Bei der **Bachelor-/Masterarbeit (Diplomarbeit)** besteht die Aufgabe in der selbständigen Erarbeitung eines gegebenen Themas. Die Vorgehensweise orientiert sich an folgendem Ablauf:

• Kritik an bestehenden Lösungen

• Bedarf an neuen Lösungsmöglichkeiten

• Entwicklung und Darstellung neuer Lösungsmöglichkeiten

• Probleme und Grenzen der erarbeiteten neuen Lösungsmöglichkeiten.

Die Auswahl des Lösungsansatzes wird in der Bachelor-/Masterarbeit (Diplomarbeit) aus den Unzulänglichkeiten begründet, die andere mögliche Lösungsansätze in Bezug auf die zu behandelnde Problemstellung aufweisen. Notwendige Voraussetzungen und Prämissen werden dargestellt, auf deren Grundlage der Ansatz dann angewendet wird. Erst zum Schluss der Arbeit und nach konsequenter Durchhaltung des Ansatzes erfolgt eine Auseinandersetzung mit den Möglichkeiten und Grenzen der Anwendung. Die begründete

Auswahl und konsequente Durchführung eines Lösungsansatzes wird bei der Bachelor-/Masterarbeit (Diplomarbeit) trotz möglicher Schwächen des Ansatzes als wissenschaftliche Leistung akzeptiert.

Im Rahmen der **Doktorarbeit** ist die gewählte Vorgehensweise umfassend zu begründen und die verfolgte Linie jederzeit zu verteidigen. In der theoretischen Grundlegung der Arbeit und in jedem methodischen Untersuchungsschritt müssen alle berechtigten Einwände berücksichtigt werden. Schwächen des eigenen Erklärungsmodells dürfen nicht hingenommen werden, es ist so zu gestalten, dass es einen höheren Erklärungswert besitzt als alle bisher auf diesem Gebiet angewendeten Modelle.

5.5 Wie kann der eigene Beitrag zur Problemlösung aussehen?

Ziel einer **Seminararbeit** ist es, durch gezielte Aufbereitung (prüfungs-)relevantes Wissen und Problembewusstsein für das Thema und dessen genereller Bedeutung zu vermitteln. Hauptaufgabe ist die umfassende Bearbeitung eines vorgegebenen Themas.

Das Ziel der **Bachelor-/Masterarbeit (Diplomarbeit)** besteht darin, zur Abhandlung eines ausgewählten Themas einen geeigneten Untersuchungsansatz zu wählen und zu begründen, diesen mit allen seinen Annahmen und Voraussetzungen durchzuhalten und damit zu plausiblen, nachvollziehbaren Ergebnissen zu gelangen. Zum Abschluss des Studiums ist der Nachweis zu erbringen, dass man eine ausgewählte wissenschaftliche Fragestellung selbständig bearbeiten kann.

Der Problemlösungsanspruch an die **Doktorarbeit** besteht in einer befriedigenden Beantwortung der Forschungsfrage.

In der folgenden Übersicht ist nochmals stichwortartig zusammengestellt, wie die Anforderungen an die thematische Eingrenzung bei den verschiedenen Arten wissenschaftlicher Arbeiten schrittweise erfüllt werden können.

Art der Arbeit	Schwerpunkt	Problem-stellung	Lösungs-ansatz	Eigener Beitrag
Seminararbeit	Alle in der Literatur enthaltenen Schwerpunkte zum vorgegebenen Thema	Angemessene Darstellung der wesentlichen Inhalte	Darstellung, Diskussion und Beurteilung bestehender Lösungs-ansätze	Vermittlung von Wissen und der Fähigkeit zur Einschätzung der Bedeutung des Seminar-themas, Schaffung von Problembewusstsein
Bachelor-/ Masterarbeit (Diplomarbeit)	Ausgewählter Untersuchungs-schwerpunkt	Eingrenzung der Aufga-benstellung, Entwicklung einer eigen-ständigen Vorgehens-weise	Auswahl, Begründung, Darstellung und Anwendung eines geeigneten Ansatzes	Selbständige Erarbeitung einer Lösungs-möglichkeit für eine Problem-stellung
Doktorarbeit	Eigenständiger Schwerpunkt mit Neuig-keitsgehalt	Bearbeitung eines bislang ungelösten bzw. nicht befriedigend gelösten Problems	Entwicklung eines eigen-ständigen Ansatzes, der die in der Literatur vor-handenen Ansätze an Erklärungs-wert übertrifft	Beantwortung neuer Fragestel-lungen, Beitrag zum Fortschritt der Wissen-schaft

Übersicht 9: Konkretisierung der Anforderungen an das zu bearbeitende Thema einer Seminar-, Bachelor-/Master- (Diplom-) und Doktorarbeit

5.6 Prägnante aktuelle Formulierung zur Charakterisierung des Themas wählen

Zur Hervorhebung der Wichtigkeit einer wissenschaftlichen Arbeit werden häufig Interesse weckende Kurztitel gewählt. Der Lohn des Wissenschaftlers besteht in seiner Anerkennung durch die Fachwelt, d.h. von dieser registriert, gelesen und vielleicht sogar zitiert zu werden. Auch deswegen enthalten Themen wissenschaftlicher Arbeiten oft Schlagworte, die von Literatursuchenden, die sich einen Überblick verschaffen wollen, als Suchbegriffe verwendet werden. Auch wenn es nicht um die Veröffentlichung geht oder das Thema weitgehend vorgegeben ist, führt die Verwendung eines geeigneten Begriffspaares oder die Verwendung von zwei bis drei Schlagworten, alleine deswegen, weil man sich geeignete Begriffe überlegen muss, zu einer ersten sinnvollen Eingrenzung eines Themas. Selbst wenn man aufgrund der bisherigen Beschäftigung mit der Literatur schon präzisere Vorstellungen hat, ist es sinnvoll und hilfreich, seine bisher entwickelte Systematik durch die Reduktion auf wenige Schlagworte auf Logik, Konsistenz, Aktualität, interdisziplinäres Interesse und Zukunftsorientierung zu überprüfen.

Die Bildung eines interessanten Kurztitels, eines Begriffspaares (Markt und Macht, Qualität und Wettbewerb, Bildung und Zukunft) oder einer Reihung von Schlagworten (z.B. Wirtschaft – Gesellschaft – Kultur, Deregulierung – Internationalisierung – Globalisierung) ist hilfreich zur Eingrenzung des Themas, ermöglicht eine Konzentration auf die wesentlichen Inhalte und stellt ein einfaches Hilfsmittel zur Überprüfung der weiteren Anforderungen und Kriterien der Wissenschaftlichkeit dar. Soll die Arbeit in Buchform publiziert werden (in der Regel interessant für Doktorarbeiten, seltener für Bachelor- und Masterarbeiten (Diplomarbeiten) bzw. für besonders gelungene Seminararbeiten, z.B. in einem Sammelband), besteht ein weiteres Interesse an einer attraktiven Formulierung des Themas zur Erzielung einer entsprechenden Außenwirkung.

5.7 Eingrenzung des Untersuchungsgegenstandes durch Untertitel

Ein weiteres mögliches Verfahren zur Themenpräzisierung besteht in der Bildung zusätzlicher Untertitel. Dies hat den Vorteil, dass entsprechend dem Arbeitsfortschritt und der zunehmenden Konkretisierung die Problemstellung, die mit dem Thema verbundenen Erwartungen, Interessen und Vorstellungen besser zum Ausdruck gebracht werden können.

Die Bildung von Untertiteln ist keineswegs ein Hilfsmittel, das ausschließlich zur Erarbeitung einer wissenschaftlichen Themenstellung eingesetzt wird, es ist auch bei anderen Publikationen weit verbreitet, wie jeder leicht feststellen kann. Als besonders anschauliches Beispiel sei die bereits zitierte Veröffentlichung von Jürg Niederhauser angeführt, der den Titel „Die schriftliche Arbeit" sogar mit zwei Untertiteln spezifiziert (UT 1: Ein Leitfaden zum Schreiben von Fach-, Seminar- und Abschlussarbeiten in der Schule und beim Studium; UT 2: Literatursuche, Materialsammlung und Manuskriptgestaltung mit vielen Beispielen) und dadurch den durch den Titel noch unbegrenzten Anspruch seiner knappen 32-seitigen Abhandlung konkretisiert.

5.8 Abgrenzung des gewählten Titels zu bestehenden Veröffentlichungen

Wesentliches Kennzeichen wissenschaftlicher Arbeiten ist ein gewisses Maß an Eigenleistung, die nicht nur in der Durchführung erbracht werden, sondern auch im Titel zum Ausdruck kommen soll. Bei **Seminararbeiten** sind die Themen vorgegeben und damit eine Themenidentität nicht immer zu vermeiden. Dies liegt aber im Verantwortungsbereich des Seminarleiters und ist wegen der geringen Verbreitung und der eingeschränkten Zitierfähigkeit dieser Arbeiten weitgehend unproblematisch.

Bei **Bachelor- und Masterarbeiten (Diplomarbeiten)**, die unter gewissen Einschränkungen zitierfähig sind (z.B. wenn sie am selben Lehrstuhl oder derselben Fachhochschule oder Universität verfasst wurden und zum Zwecke der Nachprüfbarkeit leicht zu beschaffen sind), wäre es zumindest peinlich, wenn eine Arbeit mit identischem Titel und möglicherweise weitgehend gleichem Inhalt auftauchen würde. Auch wenn man nicht mit dem Vorwurf des geistigen Diebstahls konfrontiert wird (z.B. weil das Thema vom Betreuer angeboten wurde), sollte eine mögliche Themenidentität doch weitestgehend ausgeschlossen werden, um die Besonderheit der eigenen Leistung nicht zu schmälern.

Daraus ist aber nicht zu folgern, dass im Rahmen der Themensuche alle möglichen Verzeichnisse von Bachelor- und Masterarbeiten (Diplomarbeiten) durchforstet werden müssen, um eine mögliche Themenidentität auszuschließen. Viel wichtiger als eine Recherche in Verzeichnissen ist es, seine Energien auf die Entwicklung der eigenen Arbeit zu konzentrieren und diese mit einem hohen Maß an Eigeninitiative durch eigene statt übernommene Formulierungen, Entwicklung einer Gliederung, die sich nicht an Vorlagen orientiert, keine unkritische Übernahme von Beurteilungen und Einschätzungen aus der Literatur voranzubringen.

Bei der **Doktorarbeit** wäre die Themenidentität ein Ausschlusskriterium. Es gehört zur Horrorvision von Doktoranden, wenn sich nach der Einreichung der fertigen Arbeit herausstellen sollte, dass ein gleiches oder sich nicht wesentlich unterscheidendes Thema bereits anderweitig eingereicht oder veröffentlicht wurde. Eine solche Konstellation ist äußerst selten, sollte sie überraschenderweise dennoch eintreten, muss in Absprache mit dem Betreuer das Thema umformuliert werden, da das Schreiben einer neuen Arbeit unmöglich ist.

Diese letzten Ausführungen zur Abgrenzung von Forschungsthemen sollen noch einmal deutlich machen, welche Bedeutung einer möglichst präzisen Formulierung des Themas einer Bachelor-/Master- (Diplom-) oder einer Doktorarbeit zukommt und welchen Stellenwert Eigeninitiative und Eigenleistung im Entstehungsprozess haben. Dies gilt insbesondere bei der Bearbeitung so genannter Modethemen, z. B. aus dem Bereich der Umweltökonomie oder der betriebswirtschaftlichen Steuerlehre und des Prüfungswesens.

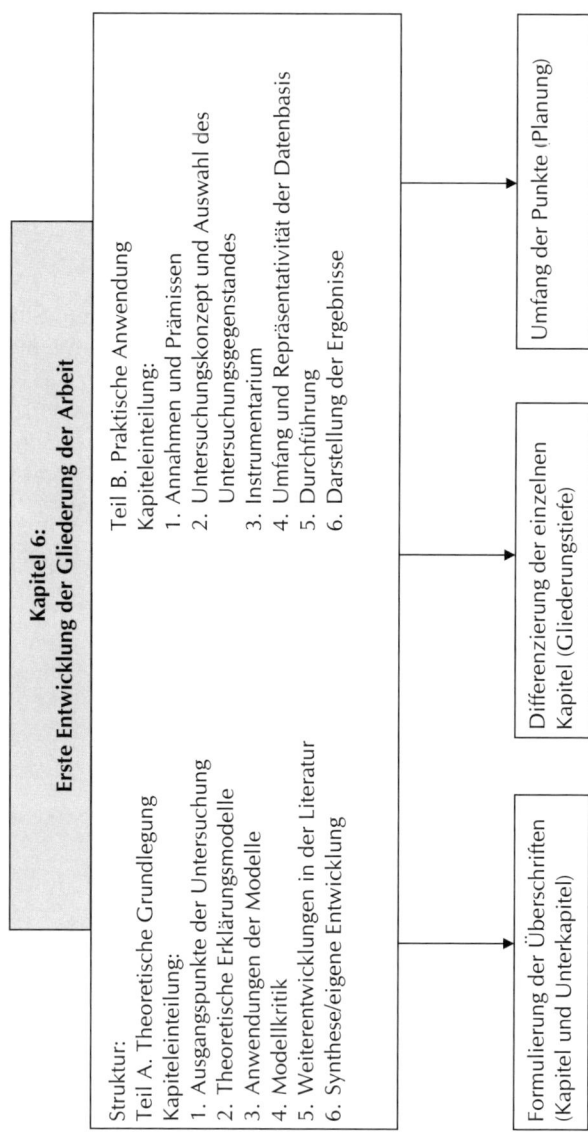

Kapitel 6:
Erste Entwicklung der Gliederung der Arbeit

Struktur:

Teil A. Theoretische Grundlegung
Kapiteleinteilung:
1. Ausgangspunkte der Untersuchung
2. Theoretische Erklärungsmodelle
3. Anwendungen der Modelle
4. Modellkritik
5. Weiterentwicklungen in der Literatur
6. Synthese/eigene Entwicklung

Teil B. Praktische Anwendung
Kapiteleinteilung:
1. Annahmen und Prämissen
2. Untersuchungskonzept und Auswahl des
   Untersuchungsgegenstandes
3. Instrumentarium
4. Umfang und Repräsentativität der Datenbasis
5. Durchführung
6. Darstellung der Ergebnisse

Formulierung der Überschriften
(Kapitel und Unterkapitel)

Differenzierung der einzelnen
Kapitel (Gliederungstiefe)

Umfang der Punkte (Planung)

6. Erste Entwicklung der Gliederung der Arbeit

6.1 Grobgliederung des Hauptteils ohne Gewichtung

Jede wissenschaftliche Arbeit kann in drei Abschnitte eingeteilt werden:

- Einleitung,
- Hauptteil,
- Schluss.

Diese Erkenntnis ist rein formaler Natur und liefert für die inhaltliche Gliederung der Arbeit keine brauchbaren Anhaltspunkte. Sicher ist nur, wie die drei Abschnitte miteinander in Zusammenhang stehen: der logisch aufzubauende und sinnvoll zu gliedernde Gang der Untersuchung ist Inhalt des Hauptteils und wird in der Einleitung überblicksartig beschrieben. Der Inhalt des Schlussteils wird bestimmt durch die Ergebnisse des Hauptteils und den daraus zu ziehenden Schlussfolgerungen. Demzufolge können Einleitung und Schluss erst dann mit Inhalten gefüllt werden, wenn der Hauptteil relativ gut entwickelt ist.

Die Gliederung des Hauptteils ist eine derart komplexe Aufgabe, dass man sich auch hier verschiedener Hilfsmittel bedienen muss. Erreicht werden soll ein logischer Aufbau, der durch informative Bezeichnung der einzelnen Gliederungspunkte das Interesse des Lesers weckt und die Kompetenz des Autors zum Ausdruck bringt. Obwohl die Entwicklung einer Gliederung des Hauptteils sehr viel Kreativität erfordert, existieren für wissenschaftliche Arbeiten Grundstrukturen, nach denen alle wissenschaftlichen Arbeiten aufgebaut sind. Bei **Seminararbeiten**, die die Darstellung und Diskussion themenrelevanten Wissens zum Inhalt haben, besteht diese Grundstruktur aus den Gliederungspunkten

1. Darstellung
Definitionen, Prämissen, Beschreibung und Erklärung des Themas

2. Diskussion
Anspruch und Realitätsgehalt, Bedeutung und Grenzen, Anwendungsmöglichkeiten, praktische Relevanz des Themas

3. Zusammenfassung
Kritische Würdigung der diskutierten Aspekte, Ausblick.

Der Hauptteil von **Bachelor-/Master- (Diplom-) und Doktorarbeiten** weist folgende Grundstruktur auf:

Teil 1: Theoretische Grundlegung

Mögliche Kapiteleinteilung:

1. Ausgangspunkte der Untersuchung

2. Theoretische Erklärungsmodelle

3. Anwendungen der Modelle

4. Modellkritik

5. Weiterentwicklungen in der Literatur

6. Synthese/eigene Entwicklung

Teil 2: Praktische Anwendung

Mögliche Kapiteleinteilung:

1. Annahmen und Prämissen

2. Untersuchungskonzept und Auswahl des Untersuchungsgegenstandes

3. Instrumentarium

4. Umfang und Repräsentativität der Datenbasis

5. Durchführung

6. Darstellung der Ergebnisse

Diese Grundstrukturen für wissenschaftliche Arbeiten setzen einen Orientierungsrahmen. Die relevanten Inhalte müssen nach dem Prinzip „Vom Einfachen zum Schweren" dargestellt werden. Die Darstellung ist in Kapitel einzuteilen, die so angeordnet sind, dass in jedem Kapitel neues Wissen vermittelt wird, das auf den Inhalten der vorhergehenden Kapitel aufbaut. Die Einteilung in Kapitel hat also auch eine didaktische Funktion, die vielfältige Möglichkeiten des Aufbaus der Argumentation und der Darstellung eröffnet.

Bei jeder wissenschaftlichen Arbeit ist die Entwicklung einer Gliederung ein schwieriger Abwägungsprozess, der viele Überarbeitungen benötigt, ehe ein zufrieden stellendes Ergebnis erreicht werden kann. Deswegen müssen Aufbau, Struktur und Gewichtung des Hauptteils immer wieder verändert werden, bis die Anordnung der einzelnen Kapitel einfach und klar nachvollziehbar erscheint. Dafür bieten sich zwei Hilfsmittel an:

- die Nutzung der Gliederungsfunktion der Überschriften in der Textverarbeitung,
- die grafische Darstellung des Aufbaus der Arbeit in Form eines Ablaufdiagramms.[39]

Letzteres erscheint eigentlich erst sinnvoll, wenn die Arbeit fertig ist, dient mehr der Überprüfung von Logik und Nachvollziehbarkeit, kann auch Originalität der Vorgehensweise belegen. Näheres dazu in dem weiter unten folgenden Abschnitt „Aufbau und Anordnung der einzelnen Abschnitte überprüfen".

Die Möglichkeiten zum Einsatz der Gliederungsfunktion sind unter „Anforderungen an die Software" beschrieben, hier geht es darum, wie die aus der Literatur gewonnenen Erkenntnisse in die eigene Arbeit eingebracht werden, d. h. um die Vorgehensweise zur Entwicklung der Gliederung.

6.2 Kapitelüberschriften

Man sollte zunächst einen Überblick über die relevanten Inhalte der einzelnen Kapitel des Hauptteils erarbeiten. Dazu sollte man je nach Anzahl der geplanten Kapitel zwei bis fünf Überschriften formulieren. Diese hat man nun in eine Abfolge zu bringen, aus der erkennbar wird, dass die einzelnen Kapitel aufeinander aufbauen. Haben einzelne der entworfenen Überschriften scheinbar zu wenig miteinander zu tun, um einen logischen Zusammenhang herstellen zu können, sind folgende Überlegungen erforderlich:

- Hat jede der entworfenen Überschriften den Rang eines Kapitels oder ist sie sinnvoll als Unterpunkt in einem anderen Kapitel unterzubringen?
- Ist eine andere Formulierung einer Überschrift erforderlich, damit die logischen Zusammenhänge besser zum Ausdruck kommen?
- Ist der Zusammenhang richtig erfasst oder sollte die Anordnung geändert und einzelne Kapitel vorgezogen bzw. weiter nach hinten gestellt werden?

Bereits an der Formulierung nur weniger Kapitelüberschriften wird deutlich, wie viel Mühe in den Aufbau einer Gliederung investiert werden muss. Diese

---

[39] vgl. Ebster, Claus/Stalzer, Lieselotte: Wissenschaftliches Arbeiten für Wirtschafts- und Sozialwissenschaftler, Wien 2003, S. 83

Mühe wird in diesem Stadium einer noch geringen Detaillierung der Gliederung erleichtert, je besser die zu behandelnde Problemstellung in der Forschungsfrage zum Ausdruck kommt.

Hier zeigt sich erneut, dass alle Phasen der Entstehung einer wissenschaftlichen Arbeit so eng miteinander zusammenhängen, dass eine einzelne Phase mindestens solange nicht abgeschlossen ist, wie die darauf aufbauenden Phasen noch nicht weitgehend konkretisiert sind.

Die Forschungsfrage stellt eine gewisse Vorgabe für die Entwicklung der Gliederung dar. Die Gliederung kann im Rahmen ihrer schrittweisen Konkretisierung die Forschungsfrage zwar nicht mehr grundlegend verändern und die gesamte bisher geleistete Arbeit fraglich erscheinen lassen. Nachträgliche Anpassungen der Forschungsfrage, die zu einer engeren Verbindung oder zu besserer Nachvollziehbarkeit des Zusammenhangs zwischen Problemstellung und Gliederung führt, sind ohne weiteres möglich. Auch die Forschungsfrage ist in erster Linie ein Instrument zur Konkretisierung und keine unumstößliche Vorgabe.

6.3 Untergliederung der Kapitel

Mit zunehmender Untergliederung des Hauptteils werden die Anforderungen an die Informationsverarbeitung komplexer, mit fortschreitender Erarbeitung des Themas erhöhen sich aber auch die Gestaltungsmöglichkeiten. In einer ersten Untergliederung der Hauptkapitel empfiehlt es sich, Zwischenüberschriften und Unterpunkte zu bilden und darunter Stichworte zum Inhalt und Hinweise auf Literaturstellen aufzuführen. So entstehen schrittweise mehrere Gliederungsebenen und der Detaillierungsgrad der Darstellung erhöht sich. Jetzt wird nicht mehr nur die Anordnung der Hauptkapitel überprüft und gegebenenfalls verschoben, sondern es werden einzelne Gliederungsebenen höher- oder tiefer gestuft, verschoben oder sogar einem anderen Kapitel zugeordnet.

Bei diesem notwendigen Entwicklungsprozess kann die Textverarbeitung ihre Leistungsfähigkeit entfalten. Die Nutzung der Gliederungsfunktion ermöglicht es,

• den Überblick über die Strukturierung des Textes zu behalten,

• durch Ausblendung nachgeordneter Gliederungsebenen den Blick auf Detailfragen der Einordnung zu konzentrieren,

- Verschiebungen einzelner Punkte oder Kapitel schnell durchzuführen und wieder rückgängig zu machen, mehrere Varianten auszuprobieren,

- in den Textkörpern unterhalb der einzelnen Gliederungspunkte spontane Ideen für Formulierungen, Inhalte, Literaturverweise und Darstellungsmöglichkeiten zu skizzieren, um sie für eine spätere detaillierte Bearbeitung zu sichern.

Von jetzt an rückt die Formulierung des Textes in den Mittelpunkt. Man sollte sich stets vor Augen halten, dass die zu erbringende Leistung hauptsächlich das Schreiben der Arbeit darstellt, worauf auch die meiste Zeit verwendet werden muss. Mit der Grobgliederung ist der Punkt erreicht, ab dem das Ausformulieren von Textpassagen für die Weiterentwicklung der Arbeit wichtiger ist als Überschriften und Überlegungen zu deren Gliederung. Das Verfassen des Textes zu den einzelnen Gliederungspunkten und die Herstellung des Bezuges zu der verarbeiteten Literatur durch Verweise in Fußnoten bilden den Schwerpunkt der weiteren Arbeit. Verschiebungen innerhalb der Gliederung sind gezielter möglich, weil auf der Grundlage formulierter Texte klarere Vorstellungen entwickelt werden können.

6.4 Grobe Festlegung der Seitenanzahl der einzelnen Kapitel

Die vorläufige Bestimmung des Seitenumfangs einzelner Kapitel und Gliederungspunkte stellt eine Vorstufe der Gewichtung und Schwerpunktbildung innerhalb der Arbeit dar. Dies dient zunächst der Orientierung, ob ein vorgegebener oder erwarteter Umfang erreicht bzw. eingehalten werden kann.

Aus der Vorgabe von Seitenzahlen ergibt sich eine erste inhaltliche Schwerpunktsetzung auf bestimmte Kapitel und Gliederungspunkte. Sind die Schwerpunkte mehr aus dem Gefühl heraus entstanden oder zum Teil auf das besonders umfangreiche Material zurückzuführen, das zu bestimmten Punkten vorliegt, muss man sich selbstkritisch fragen, in welchen Bereichen weitere Recherchen erforderlich sind, damit bestimmte wesentliche Aspekte vertieft werden können. Nun geht es nicht mehr darum, die Forschungsfrage zu modifizieren, sondern darum, die Probleme zu bearbeiten, die erst nach vertiefter Einarbeitung erkannt werden und auch erst nach intensiverer Auseinandersetzung mit dem Thema zutage treten können.

Die Bewältigung derartiger Schwierigkeiten, die bei jeder wissenschaftlichen Arbeit auftreten, kann umfangreiche Detailarbeit erfordern. Gelingt es nicht, Quellen zu finden, die genau den Aspekt behandeln, der in der eigenen Arbeit noch zu wenig ausgeführt ist und weiter vertieft werden soll, hilft es möglicherweise, die zum Thema vorliegenden und bereits verarbeiteten Überblicksaufsätze nochmals durchzugehen. Diese Texte sollten gezielt daraufhin untersucht werden, welche bisher nicht wahrgenommenen direkten oder indirekten Aussagen und Hinweise sie zu dem bislang vernachlässigten Problem enthalten.

Häufig erkennt man die Bedeutung eines Fachaufsatzes für die eigene Arbeit erst nach wiederholter Lektüre unter bestimmten Aspekten. Auch aus Quellen, deren Inhalt man erschöpft glaubt, ergeben sich nach dem Prinzip „Wieder gelesen, neu gelesen", neue Erkenntnisse oder Impulse.

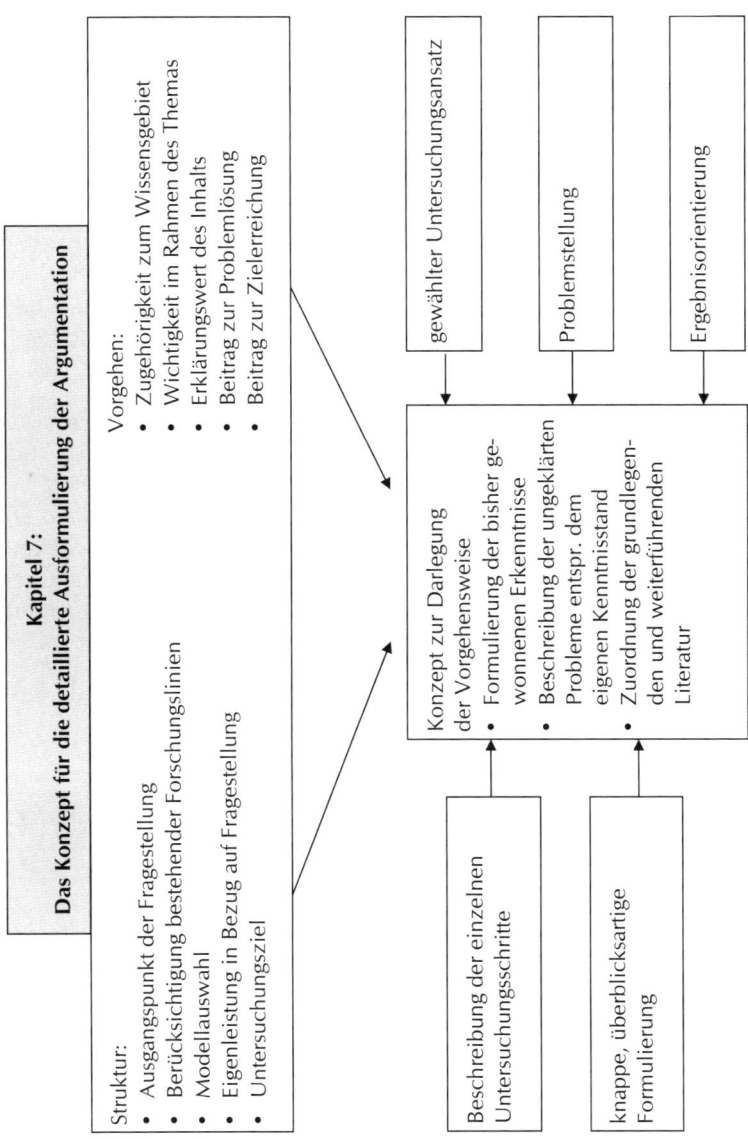

Kapitel 7:
Das Konzept für die detaillierte Ausformulierung der Argumentation

Struktur:
- Ausgangspunkt der Fragestellung
- Berücksichtigung bestehender Forschungslinien
- Modellauswahl
- Eigenleistung in Bezug auf Fragestellung
- Untersuchungsziel

Vorgehen:
- Zugehörigkeit zum Wissensgebiet
- Wichtigkeit im Rahmen des Themas
- Erklärungswert des Inhalts
- Beitrag zur Problemlösung
- Beitrag zur Zielerreichung

gewählter Untersuchungsansatz

Problemstellung

Ergebnisorientierung

Konzept zur Darlegung der Vorgehensweise
- Formulierung der bisher gewonnenen Erkenntnisse
- Beschreibung der ungeklärten Probleme entspr. dem eigenen Kenntnisstand
- Zuordnung der grundlegenden und weiterführenden Literatur

Beschreibung der einzelnen Untersuchungsschritte

knappe, überblicksartige Formulierung

7. Das Konzept für die detaillierte Ausformulierung der Argumentation

Der in Doktorarbeiten explizit enthaltene Gliederungspunkt „Methodik und Gang der Untersuchung" könnte auch mit dem Begriff „Konzept der Problembearbeitung"[40] oder „Darstellung der Vorgehensweise" betitelt werden. In einer Bachelor-/Masterarbeit (Diplomarbeit) ist es üblich, die Vorgehensweise im Rahmen der Einleitung in wenigen Sätzen darzustellen, in einer Seminararbeit ist diese Beschränkung sogar erforderlich. Damit kann die Konzeption in der Regel ausreichend verdeutlicht werden, so dass auch in Bachelor- und Masterarbeiten (Diplomarbeiten) auf eine Beschreibung des Aufbaus und der Durchführung der Untersuchung in einem eigenen Methodenkapitel verzichtet werden kann.

Im Rahmen des Entstehungsprozesses einer wissenschaftlichen Arbeit sind jedoch konzeptionelle Überlegungen in jedem Falle erforderlich, egal ob und gegebenenfalls in welcher Form sie später Bestandteil der Endfassung der Arbeit werden. Methodik und Gang der Untersuchung können erst dann präzise beschrieben und – falls geboten – in den Text der Arbeit aufgenommen werden. Am Anfang stellt sich die Frage nach einer Konzeption für die Durchführung der Arbeit, die bei allen Arten wissenschaftlicher Arbeiten aufgebaut und schrittweise weiterentwickelt werden muss.

Die Konzeptentwicklung stellt einen Prozess dar, der sich in folgende Bestandteile zerlegen lässt:

- Formulierung der bisher gewonnenen Erkenntnisse,
- Beschreibung der Probleme, Lösungsmöglichkeiten und Ziele entsprechend des eigenen Kenntnisstandes,
- Zuordnung der grundlegenden Literatur.

Die Erstellung einer Konzeption ist zwar Vorbedingung für erfolgreiches Arbeiten, diese kann jedoch im Anfangsstadium nicht detailliert ausgearbeitet sein, sondern umfasst nur eine grobe Vorstellung über das geplante Vorgehen. Die Entwicklung des Konzeptes erfolgt während der Entstehungsphase, d.h. des Schreibens der Arbeit als ein Prozess permanenter Überarbeitung und Verbesserung. Die gewonnenen Erkenntnisse werden vertieft und können noch besser und kritischer formuliert werden, das Problemverständnis wird schärfer

---

[40] vgl. Bänsch, Axel: Wissenschaftliches Arbeiten, München 2003, S. 59

und die Zielsetzung sowie deren Erreichung wird klarer. Die Basis der herangezogenen Literatur wird breiter, die Quellen können hinsichtlich ihrer Bedeutung für die Begründung der eigenen Argumentation immer besser eingeordnet werden.

Der wechselseitige Prozess zwischen Konkretisierung der Konzeption des Vorgehens und der inhaltlichen Ausarbeitung der Problemstellung hat schon bald sein Anfangsstadium verlassen und muss in seiner weiteren Entwicklung an nachfolgenden Punkten orientiert werden.

7.1 Systematische Einordnung des Themas

Hier geht es darum, den Einstieg zu finden, den ersten Satz der Arbeit, einen Aufhänger für das Thema. Inhaltlich muss das durch seinen Titel und gegebenenfalls zusätzliche Untertitelung eingegrenzte Thema innerhalb des Fachgebietes noch genauer eingeordnet werden. Die genaue Zuordnung dient dem Autor zur weiteren Eingrenzung und zielgerichteten Hinführung zum Inhalt der Untersuchung.

Bei Seminar-, Bachelor- und Masterarbeiten (Diplomarbeiten) hat die systematische Einordnung des Themas wiederum überwiegend konzeptionelle Bedeutung und dient vor allem der Orientierung auf das Wesentliche. Wenn wiederholt und besonders für Seminar-, Bachelor- und Masterarbeiten (Diplomarbeiten) darauf hingewiesen wird, dass die Konzentration auf das Wesentliche wichtig sei, so hängt dies zum Teil mit dem beschränkten Seitenumfang dieser Arbeiten zusammen. Von noch größerer Bedeutung ist dabei, dass man im Stadium der Erstellung einer Seminararbeit etliches wissenschaftliches Rüstzeug noch erwerben und der Blick für wichtige Fakten und Zusammenhänge geschult werden muss. Als Diplomand verfügt man zwar schon über die Erfahrung der Ausarbeitung von Seminarthemen, allerdings ist die Aufgabenstellung jetzt erheblich anspruchsvoller. Deshalb empfiehlt es sich, die systematische Einordnung des Themas innerhalb des Fachgebietes auch für Arbeiten, deren Einordnung scheinbar eindeutig ist, ständig zu überprüfen. Dies kann dabei helfen, sich nicht an einzelnen Punkten „festzubeißen", die sich bei systematischer Betrachtung als weniger bedeutend erweisen könnten.

Sofern man ein Thema im Grenzbereich zweier Disziplinen bearbeitet, z. B. betriebswirtschaftliche Themen mit psychologischem oder soziologischem Bezug (Verkaufspsychologie, Zielgruppenmarketing) ist die Konzentration der Problemstellung auf die dominierende Fachrichtung in jedem Falle ein Problem der systematischen Einordnung des Themas. Zumeist finden Verfasser wissenschaftlicher Arbeiten in solchen Fällen intuitiv die korrekte Einordnung ihres Themas, so dass die vorstehenden Ausführungen eher als ein Beitrag zur Bewusstseinsschärfung als eine Handlungsanweisung für die Erstellung von Seminar-, Bachelor- und Masterarbeiten (Diplomarbeiten) zu verstehen sind.

Bei umfangreicheren wissenschaftlichen Arbeiten, in jedem Fall bei der Doktorarbeit, ist die schriftliche Darlegung der Untersuchungssystematik Bestandteil des Inhalts. Die Einbettung des Promotionsthemas in einen komplexen fachlichen Zusammenhang bei gleichzeitiger Isolierung einer konkreten Forschungsfrage muss angemessen begründet werden, der Leser soll den übergeordneten Zusammenhang und den inhaltlichen Schwerpunkt der Arbeit erkennen können. Die systematische Einordnung des Themas stellt insofern einen Leserservice dar, als die Problemstellung noch präziser eingegrenzt wird als dies durch Titel und Untertitel möglich ist.

Gerade weil wissenschaftliche Arbeiten an ein Fachpublikum gerichtet sind, bei dem ein gewisses Maß an Verständnis und Fachwissen vorausgesetzt wird, ist die präzise systematische Einordnung bei umfangreichen Arbeiten wichtig. Schließlich ist der Fachmann auf der Suche nach bestimmten Informationen, z. B. weil er die Aufgabe hat, eine wissenschaftliche Arbeit zu schreiben und deshalb muss er die thematische Relevanz einer Quelle schon nach kurzem Anlesen beurteilen.

7.2 Problemstellung, methodisches Vorgehen und Ziel der Arbeit als Grundlage der Argumentation

Die ausführliche schriftliche Darlegung der Problemstellung und des Ganges der Untersuchung ist Bestandteil jeder Doktorarbeit. Bei Seminar-, Bachelor- und Masterarbeiten (Diplomarbeiten) wird dieser Punkt in die Einleitung integriert und bewusst möglichst knapp gehalten, ist jedoch auch dort von höchster konzeptioneller Bedeutung. Dieser Punkt dient nicht nur der Darlegung, Verdeutlichung und Begründung des Ablaufs, er dient dem Verfasser auch zur Eigenkontrolle und Überprüfung seines Vorgehens.

Gleichgültig ob Bestandteil der schriftlichen Arbeit oder nicht, enthält jede wissenschaftliche Arbeit eine Problemstellung und einen Weg, auf dem sie bearbeitet wird. Problemstellung und Gang der Untersuchung oder Darlegung der Vorgehensweise sind Synonyme des Begriffs „Untersuchungskonzeption". Darin müssen enthalten sein:

- der Ausgangspunkt der Fragestellung und die zu bearbeitende Problemstellung,
- die Hauptlinie des methodischen Vorgehens, d. h. der gewählte Untersuchungsansatz,
- eventuelle Modifikationen des Ansatzes,
- mit der Durchführung des Ansatzes verbundene Probleme und deren Berücksichtigung,
- das Ziel der Untersuchung, d. h. die angestrebten Ergebnisse.

In der schriftlichen Darlegung muss insbesondere die logische Abfolge der einzelnen Teile der Arbeit dargestellt und ihr Zusammenhang verdeutlicht werden, damit der alle Teile der Arbeit verbindende Untersuchungsansatz Würdigung finden kann. Ein ausdrücklicher Hinweis auf den Hauptteil der Arbeit ist empfehlenswert. Schließlich sollten in der schriftlichen Darstellung der Untersuchungskonzeption auch noch einige Hinweise auf die mit der Untersuchung verfolgten Ziele enthalten sein, allerdings ohne die Vorwegnahme von Ergebnissen.

Jede wissenschaftliche Arbeit muss immer zu einem Ergebnis kommen. Das Ergebnis darf aber nicht in der Feststellung münden, dass die eingangs der Arbeit zugrunde gelegte Problematik mit dem gewählten Instrumentarium nicht bewältigt werden konnte und deshalb auch keine Ergebnisse erzielt wurden. Dies wäre gleichbedeutend dem Eingeständnis, einem Irrlicht gefolgt und damit im Streben nach Erkenntnisgewinn gescheitert zu sein.

Die explizite Einbeziehung der Zielsetzung in die Untersuchungskonzeption ist wichtig, weil sich Ziele oder Zielerreichungsgrade nicht von selbst aus einer Themenstellung ergeben. Eher besteht die Gefahr – insbesondere bei der Bachelor-/Masterarbeit (Diplomarbeit) – dass man sich von einem scheinbar reizvollen Thema blenden lässt und später feststellen muss, dass das Thema aufgrund unzureichender Literaturlage in der vorgegebenen Bearbeitungsfrist nicht zu bewältigen war[41].

Man muss bereits bei der Auswahl eines Themas berücksichtigen, welche Variationen, unterschiedliche Betrachtungsweisen und Darstellungsmöglichkeiten gegeben sind und eine eigene Vorstellung darüber entwickeln, was mit der angestrebten Arbeit erreicht werden kann und mindestens erreicht werden soll.

---

[41] vgl. Bänsch, Axel: Wissenschaftliches Arbeiten, München 2003, S. 34

Dabei ist der eigene Anspruch an die Durchführung und Zielerreichung hoch, der wissenschaftliche Anspruch des Erkenntnisgewinns dagegen bescheiden anzusetzen, verbunden mit dem Ehrgeiz, die bescheidene Vorgabe zu überbieten, falls sie sich tatsächlich als solche herausstellt. Zielsetzungen, die dieser Form der Bescheidenheit gerecht werden, sind z. B.:

- durch die Einbeziehung bisher nicht berücksichtigter Parameter in die Analyse neuen oder veränderten Anforderungen besser gerecht zu werden,
- die Eignung eines ausgewählten, gegebenenfalls modifizierten Ansatzes zur Lösung eines Problems zu begründen und nachzuweisen,
- ein Modell zu entwickeln, mit dem einige der hauptsächlichen Kritikpunkte an bisher eingesetzten Untersuchungsmodellen beseitigt werden können.

7.3 Voraussetzung detaillierter Argumentation: Die Formulierung der Forschungsfrage

Die Erarbeitung der Forschungsfrage schließt sich an die Zielformulierung an. Sie kann aufbauend auf der Konkretisierung der Frage „Was will ich erreichen?" mit der Frage „Was will ich untersuchen?" allgemein gefasst werden.

Die Überführung von Themeninhalten in mögliche Fragestellungen ist ein empfehlenswertes Hilfsmittel zur Präzisierung und Eingrenzung des Gegenstandes der Untersuchung. Dabei kann man so vorgehen, dass man möglichst viele themenrelevante Fragen formuliert, von denen die wichtigsten zur Grundlage der weiteren Arbeit gemacht werden. Legt das Thema von vorneherein eine bestimmte Schwerpunktsetzung nahe, können die dazu formulierten Fragen als Arbeitsgrundlage herangezogen und eventuelle weitere Fragen ihrer Bedeutung entsprechend als Unterpunkte, Anmerkungen oder Verweise berücksichtigt werden.

Das Wichtigste bei der Formulierung der Forschungsfrage ist, den Blickwinkel herauszuarbeiten, unter dem das Thema behandelt werden soll. Der geplante Inhalt der Arbeit sollte möglichst in einer einzigen zentralen Frage, maximal in zwei Fragen ausgedrückt werden können. Jede zentrale Frage muss wenigstens einen der im Thema verwendeten Begriffe ausdrücklich enthalten.

Bei der Formulierung der Forschungsfrage kommt es darauf an, diese aus dem Verständnis für den Zusammenhang zu entwickeln. Sie muss die grundlegende Problemstellung der Arbeit zum Ausdruck bringen, zur Lösung aktueller Probleme beitragen, die zukunftsorientierter Bearbeitung bedürfen und sie muss mit einem theoretischen Ansatz bearbeitet werden. Bei Seminararbeiten und bei der Bachelor-/Masterarbeit (Diplomarbeit) ist die Formulierung einer oder mehrerer Forschungsfragen ein Hilfsmittel zur Präzisierung und Eingrenzung des Themas sowie zur Herausbildung geeigneter Untersuchungsschwerpunkte. Bei der Doktorarbeit dient die Forschungsfrage dazu, den angestrebten Erkenntnisforschritt der Arbeit in Gestalt einer konkreten Frage zu formulieren, die Forschungsfrage einer Doktorarbeit ist Bestandteil der schriftlichen Ausarbeitung. Bei Seminar-, Bachelor- und Masterarbeiten (Diplomarbeiten) stellt die Umsetzung des Themas in Frageform vor allem eine konzeptionelle Hilfestellung dar.

Der inhaltliche Aufbau und die Konzeption einer wissenschaftlichen Arbeit, sozusagen das „Inhaltsverzeichnis ohne Inhalt"[42] kann mit Hilfe von Leitfragen konkretisiert und eingegrenzt werden. Diese Leitfragen bestimmen das Untersuchungsziel und damit auch den Umfang und den wissenschaftlichen Anspruch der Arbeiten.

Seminar-, Bachelor- und Masterarbeiten (Diplomarbeiten) beschreiben und erklären Zusammenhänge, während in einer Doktorarbeit ein über das Lehrbuchwissen hinausgehender konzeptioneller Anspruch erfüllt werden muss. Hier stehen Fragen der Bewertung und Kritik bestehender Konzepte sowie deren Gestaltung und Wirkungsprognose im Zentrum der Untersuchung, die in Seminar-, Bachelor- und Masterarbeiten (Diplomarbeiten) eher als Unterfragen einfließen, weil diese Arbeiten eher fallorientiert sind und einen vergleichsweise geringeren Anspruch auf Allgemeingültigkeit der Ergebnisse aufweisen als eine Doktorarbeit.

Das Untersuchungskonzept einer wissenschaftlichen Arbeit kann an den folgenden fünf Typen
- Beschreibung
- Erklärung
- Kritik/Beurteilung
- Gestaltung und
- Prognose

wissenschaftlicher Forschungsfragen orientiert werden, die ihrerseits den Aufwand der Arbeit entscheidend bestimmen. Die folgende Abbildung[43] zeigt beispielhaft, wie die verschiedenen Fragetypen in so genannte Leitfragen umgesetzt werden, die Schwerpunkte, Inhalt und Umfang einer wissenschaftlichen Arbeit bestimmen.

---

[42] Karmasin, Matthias/Riebing, Rainer: Die Gestaltung wissenschaftlicher Arbeiten, Wien 2007, S. 24

[43] nach Nienhüser, Werner/Magnus, Marcel: Die wissenschaftliche Bearbeitung personalwirtschaftlicher Fragestellungen. Eine Einführung, Essener Beiträge zur Personalforschung Heft 4/1998, S. 6

Fragetyp	Leitfrage	Beispiel
Beschreibung	Was ist der Fall? Wie sieht die „Realität" aus? (oder auch: Sieht die Realität wirklich so aus?)	Wie hat sich die Arbeitskräftemobilität in der EU seit 2001 verändert?
Erklärung	Warum ist etwas der Fall?	Warum hat sich die Arbeitskräftemobilität in der EU seit 2001 in bestimmter Art und Weise (nicht) verändert?
Kritik/ Bewertung	Wie ist ein bestimmter Zustand vor dem Hintergrund explizit genannter Kriterien zu bewerten?	Wie sind die Maßnahmen der EU bezüglich der Arbeitskräftemobilität im Hinblick auf Chancengleichheit zu bewerten?
Gestaltung	Welche Maßnahmen sind geeignet, um ein bestimmtes Ziel zu erreichen?	Wie kann die Arbeitskräftemobilität in der EU gefördert werden?
Prognose	Wie wird etwas künftig aussehen? Welche Veränderungen werden eintreten?	Wie wird sich die künftige Arbeitskräftemobilität in der EU verändern?

Übersicht 10: Grundtypen von Fragestellungen wissenschaftlicher Arbeiten

7.3.1 Systematische Ableitung der Forschungsfrage aus den bisherigen Darlegungen

Die Forschungsfrage ergibt sich als logische Schlussfolgerung aus der systematischen Einordnung des Themas. Das Thema wird aus einem bestehenden Zusammenhang herausgelöst, als Facette dieses Zusammenhangs unter einem bestimmten Blickwinkel dargestellt und in eine Problemstellung überführt. Jeder Schritt – Herauslösung aus dem Zusammenhang, Darstellung der Facette, d. h. Formulierung des Themas und Überführung in eine Problemstellung – baut auf dem vorherigen auf und präzisiert diesen. Klarer ausgedrückt: Die Ableitung der Forschungsfrage bedarf eines Prozesses in fünf Selektionsstufen:

1. Wissenschaftsgebiet

Die Auswahl des Gebietes, in dem die wissenschaftliche Arbeit entstehen soll, ist bei Seminararbeiten durch die Seminarthemen vorgegeben. Wahlmöglichkeit besteht nur hinsichtlich der zur Bearbeitung angebotenen Themen. Bei Bachelor-/Master- (Diplom-) und Doktorarbeiten sind die Wahlmöglichkeiten auf mehrere Lehrstühle bzw. Gebiete erweitert.

2. Theorie

Bei allen wissenschaftlichen Arbeiten geht es im Grunde um die Frage: „Kann der Erklärungsgehalt herkömmlicher Theorien die Realität adäquat erfassen?" Die Schwäche der Theorie erfordert Weiterentwicklung oder Neuorientierung. In Seminararbeiten muss die Theorie lediglich dargestellt und kritisch gewürdigt werden, in Bachelor- und Masterarbeiten (Diplomarbeiten) ist ein geeigneter theoretischer Ansatz auszuwählen und zur Bearbeitung einer abgegrenzten Problemstellung anzuwenden, in der Doktorarbeit müssen bestehende theoretische Grundlagen weiterentwickelt werden.

3. Forschungsansatz (Modell)

Es ist ein Ansatz auszuwählen oder zu entwickeln, der die bestehenden Unzulänglichkeiten des Erklärungsgehaltes der theoretischen Grundlage beseitigt. Bei der Bachelor-/Masterarbeit (Diplomarbeit) kann dies z. B. dadurch erfolgen, einen bestehenden neueren Ansatz zu verwenden, der dem formulierten Anspruch näher kommt als konkurrierende Ansätze, auch wenn er seltener erprobt ist oder es erfolgt durch die Verwendung eines traditionellen Ansatzes, den man z. B. durch Berücksichtigung zusätzlicher Parameter erweitert oder modifiziert, um ihn auf aktuelle Anforderungen auszurichten. Bei der Doktorarbeit ist es nicht ausreichend, einen bestehenden Ansatz zu übernehmen oder modifiziert anzuwenden. Hier muss eine umfassende Auseinandersetzung mit dem gewählten Untersuchungsansatz erfolgen, um dessen theoretische Grundlagen um neue Anwendungsmöglichkeiten zu erweitern.

4. Problemstellung

Bei Bachelor-/Master- (Diplom-) und Doktorarbeit ist der ausgewählte Forschungsansatz auf eine Problemstellung anzuwenden. Die Problemstellung ist so zu formulieren, dass der Forschungsansatz dafür besonders geeignet ist. Forschungsansatz und Problemstellung bedingen sich bis zu einem gewissen Grade gegenseitig, weil man eine gegebene Problemstellung nicht mit einem ungeeigneten Instrumentarium bearbeiten kann. Es ist jedoch zielführender und ertragreicher, zu einem leistungsfähigen Untersuchungsansatz eine Problemstellung zu definieren und einen Untersuchungsgegenstand auszuwählen als umgekehrt vorzugehen.

5. Forschungsfrage

Die Forschungsfrage ist die letzte Stufe des Prozesses. Sie bringt die konkrete Absicht der Arbeit zum Ausdruck und dient als Gradmesser der Zielerreichung, nicht aber der Forschungsleistung. Nur im Rahmen der Doktorarbeit wird die Forschungsfrage explizit formuliert.

7.3.2 Zusammengefasste Begründung der Forschungsfrage

Hat man die zentrale Forschungsfrage herausgearbeitet, ist es bei Seminar-, Bachelor- und Masterarbeiten (Diplomarbeiten) konzeptionell hilfreich, bei der Doktorarbeit sogar erforderlich, diese nochmals kurz hinsichtlich ihrer Notwendigkeit und Zielsetzung zu erläutern. Der in der Forschungsfrage reduziert ausgedrückte Erkenntniszweck der wissenschaftlichen Arbeit wird durch einige ergänzende Ausführungen besser verständlich.

7.3.3 Exakte Formulierung der Forschungsfrage

Diese Anforderung – in jeder Doktorarbeit zu erfüllen, in Seminar-, Bachelor- und Masterarbeiten (Diplomarbeiten) sinnvolles Instrument zur Strukturierung der Arbeit – wird in der folgenden Übersicht illustriert. Die Ergebnisse der schrittweisen Erarbeitung der Forschungsfrage werden an zwei Beispielen dargestellt, wobei im ersten Beispiel das Thema in eine Forschungsfrage, im zweiten Beispiel in zwei Forschungsfragen überführt wird:

Entwicklungs-stufen	Beispiel 1	Beispiel 2
Wissenschafts-gebiet	Marktforschung	Ökologieorientierte Betriebswirtschaftslehre
Thema	Analyse der Kundenzufrie-denheit mit dem Kulturan-gebot der Landeshauptstadt	Umweltschutz und Gewinnmaximierung. Zur Berücksichtigung ökologi-scher Ziele in erwerbswirt-schaftlich orientierten Unternehmen
Problemstellung	Messung der Kundenzufrie-denheit	Berücksichtigung ökologi-scher Ziele in der Unter-nehmenspraxis
Zielsetzung der Arbeit	Verbesserung der Kunden-zufriedenheit	Verbesserte Darstellung der ökologischen Verantwortung von Unternehmen
Forschungsfragen	Ist es mit Hilfe des ökono-mischen Ansatzes zur Erklä-rung menschlichen Verhal-tens möglich, zu einer bes-seren Analyse der Kunden-zufriedenheit zu gelangen, aus der sich Ansatzpunkte für eine Erhöhung der At-traktivität des Kulturangebo-tes ableiten lassen?	1. Welche Modelle des goal accounting finden in der Praxis Anwendung? 2. Wie kann die Einbezie-hung ökologischer Ziele in das Zielsystem er-werbswirtschaftlich orien-tierter Unternehmen ver-bessert werden?

Übersicht 11: Vom Thema zur Forschungsfrage: Entwicklungsstufen als Prüfkriterien für die Relevanz einzelner schriftlicher Ausarbeitungen

In Beispiel 1 sind der theoretische Ansatz, Problemstellung und Zielsetzung der Arbeit in einer Forschungsfrage enthalten. Die mögliche Eigenleistung könnte darin bestehen, die Eignung des Ansatzes zur Analyse der Kundenzu-friedenheit zu begründen und dies in einer repräsentativen Untersuchung nachzuweisen.

In Beispiel 2 bezieht sich die erste Frage auf den theoretischen Ansatz, die zweite Frage auf Problemstellung und Zielsetzung der Arbeit. Die Eigenleistung könnte bei diesem Thema darin bestehen, Schwachstellen der eingesetzten Modelle aufzuzeigen und Verbesserungsvorschläge zu entwickeln.

Orientiert man sich bei der Abfassung des Textes immer wieder an den fünf Entwicklungsstufen und prüft jede Ausarbeitung auf

- Relevanz für das Wissensgebiet (keine psychologischen Ausführungen in ökonomischen Analysen),
- Relevanz für das Thema (Bedeutung und Stellenwert des formulierten Aspektes),
- Relevanz für die Problemstellung (Erklärungswert der Ausarbeitung),
- Relevanz für die Zielsetzung (Lösungsbeitrag der Ausarbeitung),
- Relevanz für die Forschungsfrage (Bezieht sich die Ausarbeitung auf den engeren oder einen erweiterten Zusammenhang der Fragestellung?),

wird die Gefahr begrenzt, am Thema vorbei zu argumentieren. Dennoch wird man immer wieder bereits formulierte Texte überarbeiten, selektieren und gegebenenfalls wieder verwerfen müssen.

In einem früheren Stadium kann die Formulierung von Forschungsfragen auch Hilfsmittel bei der Auswahl von Themen für Seminar-, Bachelor- und Masterarbeiten (Diplomarbeiten) aus einer Liste von Themenvorschlägen sein. Gelingt es, zu einem Thema unvorbereitet relevante Fragen zu formulieren (und auch Antworten darauf), ist dies ein Hinweis auf bereits vorhandene Kenntnisse und persönliches Interesse. Damit liegen die Grundvoraussetzungen für eine erfolgreiche Bearbeitung des Themas vor. In jedem Fall fällt es leichter, den erforderlichen Arbeitsaufwand abzuschätzen und zeitliche Vorgaben zu erfüllen, wenn man zu einem vorgegebenen Thema sozusagen aus dem Stand erste konzeptionelle und inhaltliche Vorstellungen hat.

7.3.4 Einordnung der Forschungsfrage in einen erweiterten Zusammenhang

Die Wiedereinordnung der Forschungsfrage schließt den Prozess von deren Herausarbeitung, Präzisierung und Begründung ab. Mit der Wiedereinordnung wird nicht die Notwendigkeit der Forschungsfrage begründet, sondern der Beitrag, den die Untersuchung der Frage zum Fortschritt des Wissenschaftsgebietes leisten soll. Dabei handelt es sich wieder um eine konzeptionelle Leistung, die nur bei der Doktorarbeit inhaltlich ausformuliert und als Bestandteil der Arbeit dargestellt werden muss.

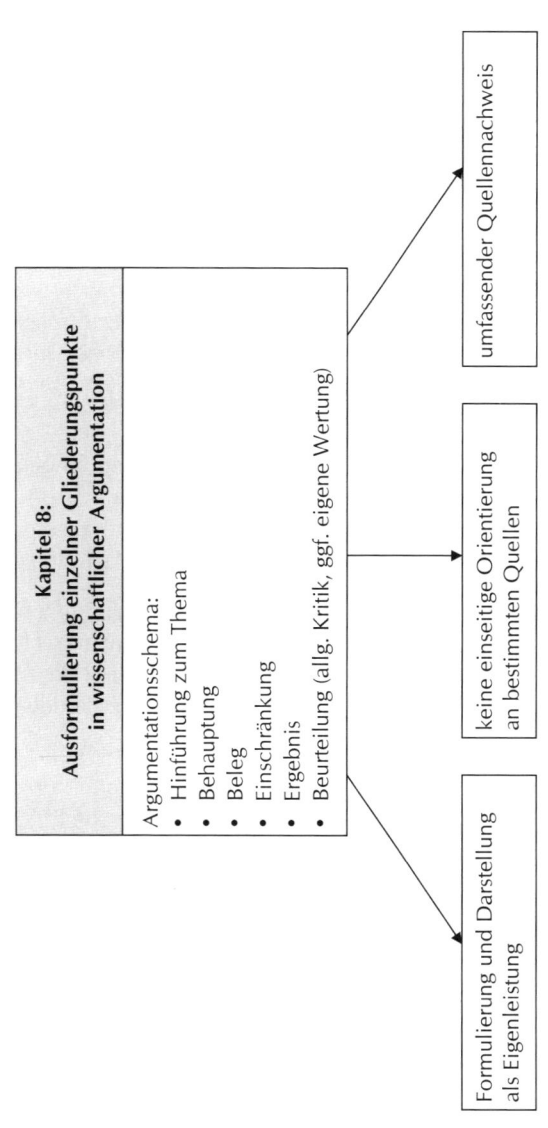

Kapitel 8:
Ausformulierung einzelner Gliederungspunkte
in wissenschaftlicher Argumentation

Argumentationsschema:
- Hinführung zum Thema
- Behauptung
- Beleg
- Einschränkung
- Ergebnis
- Beurteilung (allg. Kritik, ggf. eigene Wertung)

umfassender Quellennachweis

keine einseitige Orientierung an bestimmten Quellen

Formulierung und Darstellung als Eigenleistung

8. Ausformulierung einzelner Gliederungspunkte in wissenschaftlicher Argumentation

8.1 Literaturbezug: umfassend und ausgewogen

Das Verfassen des Textes ist als vollständig eigene Formulierungsleistung zu erbringen. Relevante Inhalte dürfen nicht wörtlich aus anderen Quellen abgeschrieben oder in leicht abgeänderter Form übernommen werden. Auch eine simple Aneinanderreihung wörtlicher Zitate ist in keinem Fall erlaubt. Die Übernahme fremden Gedankengutes ist kenntlich zu machen, d. h. wenn man wörtlich zitiert, ist ein Hinweis z. B. in einer Fußnote erforderlich, dasselbe gilt, wenn man fremde Gedanken in eigenen Worten wiedergibt.

Es ist dennoch zulässig, fremde Gedanken ohne Zitierhinweis in abgewandelter Form wiederzugeben und in den meisten Fällen auch gar nicht anders möglich. Oftmals sind Formulierungen anderer Autoren so gelungen und treffend, dass man den entsprechenden Sachverhalt gar nicht besser ausdrücken kann. Der Versuch einer eigenen Formulierung würde zu einer weniger verständlichen, vielleicht sogar unzulänglichen Darstellung führen.

Deswegen kann man sehr wohl stilistisch gute Formulierungen aus der Literatur übernehmen, ohne dies besonders kenntlich zu machen. Es geht nicht darum, literarische Prosa mit unverwechselbarem stilistischen Anspruch zu erschaffen, sondern um eine wissenschaftliche Arbeit in Eigenleistung.

Die Eigenleistung beim Verfassen des Textes muss jedoch eindeutig erkennbar sein. Die Grenze der unzitierten Übernahme von Formulierungen anderer Autoren ist überschritten, wenn es sich dabei um wesentliche Ergebnisse oder gar die Quintessenz einer wissenschaftlichen Arbeit handelt.

Der Nachweis der eigenen Gedankenführung durch geeignete, seriöse Quellen gehört zum Wesen einer jeden wissenschaftlichen Arbeit. Dadurch wird nachgewiesen, dass die Literatur zum Thema umfassend bearbeitet wurde. Dieser Nachweis erfordert auch, nicht aus zu wenigen oder einseitig orientierten Quellen zu zitieren, sondern die Auswahl so zu treffen, dass das gesamte Spektrum der Literaturmeinung angemessen berücksichtigt wird.

Ein weiterer Punkt, der bereits bei der Formulierung des Textes berücksichtigt werden sollte, ist die Auswahl der Abbildungen und Tabellen. Da diese Darstellungen zur Veranschaulichung der verbalen Erläuterungen dienen, muss im Text auf Abbildungen und Tabellen hingewiesen werden oder es müssen sogar Erläuterungen zu einzelnen Darstellungen erfolgen. Keinesfalls dürfen Abbildungen und Tabellen ohne Bezug zum Text oder völlig zusammenhanglos platziert werden.

In der folgenden Übersicht sind nochmals die wichtigsten Punkte aufgeführt, die bei der Ausarbeitung des Textes einer wissenschaftlichen Arbeit einzuhalten sind.

- Formulierung in eigenen Worten
- sparsamer Einsatz wörtlicher Zitate
- umfassender Quellennachweis
- ausgewogene Berücksichtigung von wissenschaftlichen Meinungen
- kontextorientierte Auswahl von Abbildungen und Tabellen

Übersicht 12: Leitlinien für das Verfassen des Textes
einer wissenschaftlichen Arbeit

8.2 Schematischer Aufbau der Argumentation

Die wissenschaftlichen Anforderungen gerecht werdende Diskussion eines Problems erfordert es, Argumente zu begründen, Gegenmeinungen zu berücksichtigen und zu einem Ergebnis zu kommen. Eine sehr gute Orientierung für die schriftliche Ausarbeitung liefert die in der folgenden Übersicht dargestellte Struktur:[44]

- Hinführung zum Thema
- Behauptung
- Beleg
- Einschränkung
- Ergebnis (eigene Wertung)

Übersicht 13: Argumentationsstruktur für das Verfassen des Textes
einer wissenschaftlichen Arbeit

---

[44] zu den rhetorischen und philosophischen Grundlagen s. Ebster, Claus/Stalzer, Lieselotte: Wissenschaftliches Arbeiten für Wirtschafts- und Sozialwissenschaftler, Wien 2003, S. 97

8.2.1 Hinführung zum Thema

Mit der Hinführung wird ein Argument oder ein Gedankengang vorbereitet. Einleitend wird die Bedeutung des Themas hervorgehoben und der Hintergrund des Problems dargestellt. Anschließend wird das Ziel der Argumentation aufgezeigt. Die Vorbereitung eines Arguments durch Hinführung hat den Vorteil, dass im weiteren Verlauf keine allgemeinen Erläuterungen oder Begründungen der Argumentation mehr erforderlich sind. Die Behauptung kann dargestellt werden.

8.2.2 Behauptung

Eine Behauptung darf in einer wissenschaftlichen Arbeit nicht einfach erhoben werden, sie muss begründet werden. Die einfache Aufstellung einer Behauptung etwa in der Form „Die allgemeine Erfahrung berechtigt zu der Annahme, dass die Vernichtung von Arbeitsplätzen weiter fortschreiten wird" oder „die Zahlungsmoral von Schuldnern ist bekanntlich sehr schlecht" ist unzulässig, wenn sie nicht bewiesen werden kann.

8.2.3 Beleg

Als Beleg für Behauptungen kommen vor allem Ergebnisse wissenschaftlicher Untersuchungen, Analysen von Umfrageergebnissen, Trendforschungen etc. in Frage. Die bloße Wiederholung einer bereits erhobenen Behauptung („Die Höhe des Arbeitslosengeldes mindert die Bereitschaft zur Annahme eines Arbeitsplatzes, wie viele Arbeitsmarktexperten bestätigen") wird nicht als Beleg anerkannt.

8.2.4 Einschränkung

Es gehört zum Anspruch jeder wissenschaftlichen Arbeit, Gegenmeinungen angemessen zu berücksichtigen und zu möglichen Einwänden gegen die eigene Argumentation Stellung zu nehmen. Dies erhöht die Glaubwürdigkeit der Argumentation, insbesondere dann, wenn es gelingt, Gegenmeinungen weitgehend zu entkräften.

8.2.5 Ergebnis (eigene Wertung)

Das Ergebnis ist unter Würdigung aller Bestandteile der Argumentation (allgemeiner Problemhintergrund, Positionen und Gegenpositionen, Qualität der Belege) als begründete Behauptung, nicht als unumstößliches Gesetz darzustellen. Das Ergebnis muss aber so bestimmt formuliert sein, dass es als Grundlage der weiteren Untersuchung dienen kann.

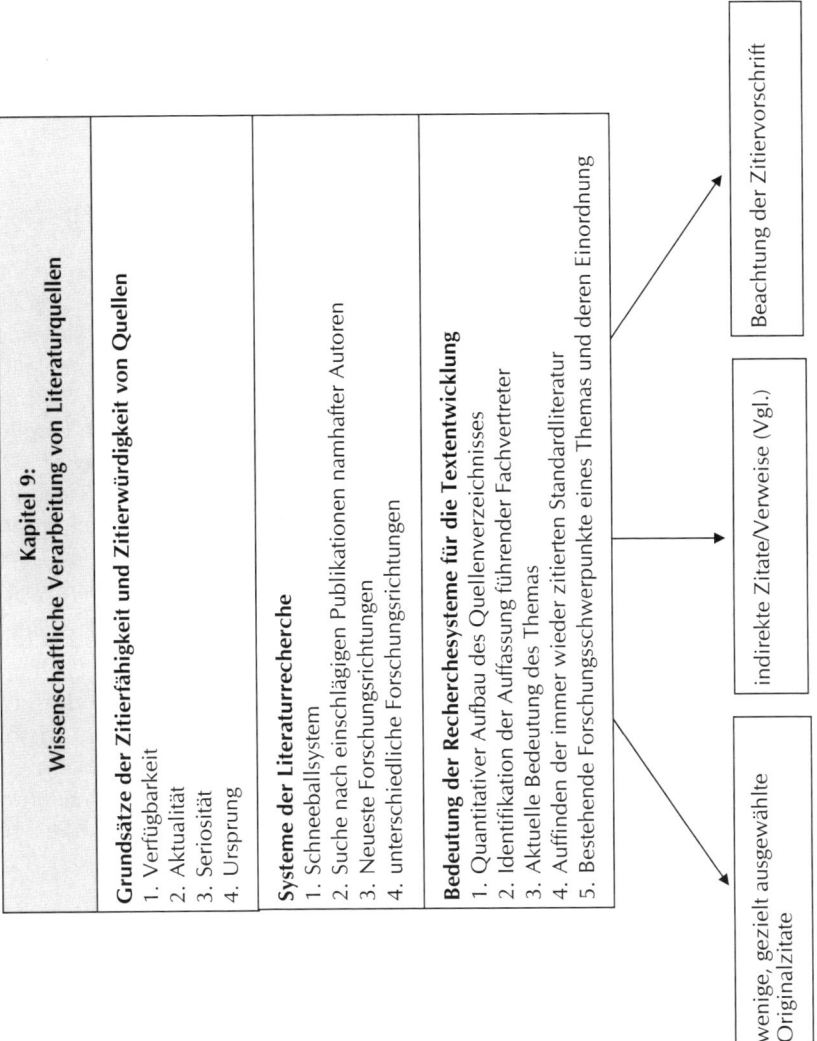

Kapitel 9:
Wissenschaftliche Verarbeitung von Literaturquellen

Grundsätze der Zitierfähigkeit und Zitierwürdigkeit von Quellen
1. Verfügbarkeit
2. Aktualität
3. Seriosität
4. Ursprung

Systeme der Literaturrecherche
1. Schneeballsystem
2. Suche nach einschlägigen Publikationen namhafter Autoren
3. Neueste Forschungsrichtungen
4. unterschiedliche Forschungsrichtungen

Bedeutung der Recherchesysteme für die Textentwicklung
1. Quantitativer Aufbau des Quellenverzeichnisses
2. Identifikation der Auffassung führender Fachvertreter
3. Aktuelle Bedeutung des Themas
4. Auffinden der immer wieder zitierten Standardliteratur
5. Bestehende Forschungsschwerpunkte eines Themas und deren Einordnung

wenige, gezielt ausgewählte Originalzitate

indirekte Zitate/Verweise (Vgl.)

Beachtung der Zitiervorschrift

9. Wissenschaftliche Verarbeitung von Literaturquellen

Eine vollständige Dokumentation der in der Arbeit verwendeten Literaturstellen ist das Charakteristikum eines jeden Textes, der Wissenschaftlichkeit beansprucht. Jede Argumentationsführung muss in allen Teilen (Behauptung, Beleg, Einschränkung, Ergebnis und eigene Wertung) durch geeignete Quellennachweise fundiert werden. Dadurch wird nachprüfbar, ob die themenrelevante Literatur ausreichend berücksichtigt worden ist.

9.1 Zitierfähige Literaturquellen für wissenschaftliche Arbeiten

Informationen und Impulse für wissenschaftliche Arbeiten erhält man aus den verschiedensten Quellen, manchmal sogar aus der Boulevardpresse. Auch wenn niemand auf den Gedanken kommen wird, sich bei der Argumentation in seiner wissenschaftlichen Arbeit auf eine Schlagzeile aus dem Sensationsjournalismus zu berufen, ist es wichtig zu wissen, auf welche Art von Quellen in wissenschaftlichen Arbeiten üblicherweise Bezug genommen wird. Dadurch wird das Problem der Literaturauswahl eingegrenzt und eine Rangfolge der einzubeziehenden Quellen aufgestellt. An die einzelnen Quellen sind wiederum unterschiedliche Zitierweisen geknüpft und der Aufbau des Literaturverzeichnisses wird ebenfalls von der Art der zitierten Quellen beeinflusst.

Die wichtigsten Literaturquellen sind Bücher und Zeitschriften. Die Erschließung eines Themas erfolgt über Bücher (Lehrbücher, Handbücher, Fachwörterbücher, Einzeltitel, Sammelbände). Für eine weitere Vertiefung, die über das allgemeine Fachwissen hinausgeht, sind Veröffentlichungen in wissenschaftlichen Fachzeitschriften die wichtigste Quelle. Das in Fachartikeln vermittelte Wissen beschränkt sich auf die Behandlung ausgewählter Fragen und Probleme und enthält oft aktuellere, zeitnähere Erkenntnisse als dies bei Buchveröffentlichungen der Fall und möglich ist.

Je nach Themenstellung kann auch die so genannte „Graue Literatur" eine Rolle spielen. Darunter fallen Veröffentlichungen, die weder in einem Verlag erscheinen noch über den Buchhandel vertrieben werden, z.B. Publikationen von Instituten oder Forschungsgruppen im Eigenverlag, Vortragsmanuskripte, Arbeitspapiere, Erstfassungen geplanter und nicht realisierter Veröffentlichungen (sog. unveröffentlichte Manuskripte).

Diese Quellen können vor allem der Vertiefung des Wissens und der zusätzlichen Absicherung einer wissenschaftlichen Meinung dienen, sind jedoch nicht ohne weiteres verfügbar, vergriffen bzw. nur über Beziehungen zu erhalten. Oft enthalten sie keine Quellennachweise für ihre Darlegungen, d. h. keine Zitate und kein Literaturverzeichnis. Zur Begründung wesentlicher Ergebnisse der eigenen Arbeit sollten Quellen aus dem Bereich der „Grauen Literatur" aus Gründen der Nachvollziehbarkeit möglichst nicht herangezogen werden.

Bücher

- Einzeltitel
- Sammelwerke mit Beiträgen mehrerer Autoren
- personenbezogene Bände (Festschriften)

Periodische Veröffentlichungen

- Zeitschriften
- Jahrbücher
- Tagungsbände

Gutachten und Forschungsberichte

- Forschungsinstitute
- Stiftungen
- Fachbereiche an Hochschulen
- Seminar- und Diplomarbeiten, Dissertationen

Gesetze

- Gesetzestexte
- Kommentarliteratur

Statistiken

- amtliche Statistiken
- Sondererhebungen

Broschüren

- Informationsschriften von Ministerien
- Firmenzeitschriften
- Geschäftsberichte von Unternehmen
- Jahresberichte von Institutionen

Sonstige Quellen, die überwiegend als Broschüren erscheinen (oftmals ohne Angabe des Verfassers, des Erscheinungsjahres und -ortes) sollten möglichst nicht zitiert werden, außer sie sind, wie z. B. Geschäftsberichte eines Unternehmens, Bestandteil des Forschungsgegenstandes.[45] Die verschiedenen Arten von Quellen für wissenschaftliche Arbeiten sind in der folgenden Übersicht zusammengestellt.

Übersicht 14:
Systematik zitierfähiger
Literaturquellen für
wissenschaftliche Arbeiten

---

[45] vgl. Ebster, Claus/Stalzer, Lieselotte: Wissenschaftliches Arbeiten für Wirtschafts- und Sozialwissenschaftler, Wien 2003, S. 45

9.2 Grundsätze der Literaturauswahl

Die Hauptlinien der Argumentation müssen mit allgemein zugänglichen wissenschaftlichen Originalarbeiten, d. h. Bücher und Artikel in Fachzeitschriften belegt werden. Andere Quellen (sog. unveröffentlichte Manuskripte) sollten allenfalls vereinzelt und nur in begründeten Ausnahmefällen (z. B. Skripten des Lehrstuhls) verwendet werden. Zur Zitierfähigkeit und Zitierwürdigkeit von Quellen kann man sich an folgenden Punkten orientieren:

9.2.1 Verfügbarkeit der Quelle

Eine zitierte Quelle muss aus Gründen der Nachvollziehbarkeit veröffentlicht und mit vertretbarem Aufwand zu beschaffen sein. Dies ist der Fall, wenn die Quelle im Buchhandel erhältlich ist oder in Bibliotheken eingesehen oder ausgeliehen werden kann.

9.2.2 Aktualität der Quelle

Bücher sind in der neuesten veröffentlichten Auflage zu zitieren. Dasselbe gilt für Gesetzestexte, Normen und Vorschriften.

9.2.3 Seriosität der Quelle

Der Autor oder Herausgeber muss sich mit dem Inhalt eines Problems objektiv und fundiert auseinandersetzen. Fundamentalistische Sektierer oder Vertreter einseitiger Interessen dürfen nicht zitiert werden.

9.2.4 Ursprung der Quelle

Zitate sollen der Originalliteratur (Primärliteratur) entnommen werden,[46] die man selbstverständlich auch in der Hand gehabt haben muss. Nur im Ausnahmefall, wenn die erforderliche Information nicht als Primärliteratur vorliegt (vergriffen oder nicht zu beschaffen), ist auf Sekundärliteratur, d. i. die Primärliteratur beschreibende, kommentierende und beurteilende Literatur auszuweichen. Es ist ein Gebot der Redlichkeit, in einem solchen Fall die sekundäre Bezugnahme anzugeben und nicht den Eindruck zu erwecken, man habe das Original gelesen.[47] Ein Bezug auf Tertiärquellen (Zitat aus einer Quelle, die eine andere Quelle zitiert) sollte nach Möglichkeit völlig vermieden werden.

---

[46] Vgl. Scholz, Dieter: Diplomarbeiten normgerecht verfassen, Würzburg 2001, S. 52

[47] Vgl. Bänsch, Axel: Wissenschaftliches Arbeiten, München 2003, S. 51

Einen Spezialfall der Literaturauswahl stellt die Frage der erforderlichen Zitier-häufigkeit des Betreuers und des Zweitgutachters einer **Doktorarbeit** dar. Bei-de Personen haben ihren Anteil am Zustandekommen der Arbeit, der im Lite-raturverzeichnis einer jeden Dissertation angemessen zum Ausdruck gebracht wird.

Systeme der Literaturrecherche

Online-Recherchen in den Datenbanken großer Bibliotheken stellen das wich-tigste Hilfsmittel systematischer Literaturrecherche dar.[48] Wegen ihrer großen Datenbestände und der automatisierten Bestellmöglichkeit bieten Universitäts-, Landes- und Staatsbibliotheken den größten Fundus an Quellen für wissen-schaftliche Arbeiten. Leider ist es noch sehr selten möglich, sich zu einzelnen Rechercheergebnissen nähere Informationen anzeigen zu lassen, z. B. eine Kurzfassung oder das Inhaltsverzeichnis eines Titels. Der Nutzen einer Quelle für das eigene Thema lässt sich oft erst dann sicher beurteilen, wenn man das Buch oder den Fachartikel tatsächlich in der Hand hat. Bisweilen wecken wis-senschaftliche Titel beim Literatursuchenden Erwartungen, die sich bei der Lektüre des Textes nicht erfüllen. Online-Literaturrecherchen bergen daher immer das Risiko, dass zwar viele, aber nicht immer optimal verwertbare Quellen ausfindig gemacht werden. Der Einstieg in die Literaturrecherche baut daher sinnvollerweise auf wenigstens einer einschlägigen Veröffentlichung zum Thema der eigenen wissenschaftlichen Arbeit auf.

9.2.5 Das Schneeballsystem der Literatursuche (vorhandene Literatur)

Dieses System dient dazu, vorhandene Literatur zu einem Thema ausfindig zu machen, von dem man noch keine präzisen Vorstellungen hat. Jede wissen-schaftliche Veröffentlichung enthält i. d. R. Literaturverweise und ein Quellen-verzeichnis. So stößt man in jeder Arbeit auf weitere Quellen und verfügt bald über eine Vielzahl von Impulsen zur Bearbeitung des eigenen Themas. Diese auch als „Schneeballeffekt" bezeichnete quantitative Ausdehnung von Litera-turangaben hat folgende Vorteile:

- Die Grundsätze der Verfügbarkeit und der Seriosität einer Quelle sind meist gegeben, wenn diese in einer anderen wissenschaftlichen Arbeit zitiert und in deren Quellenverzeichnis enthalten ist.

---

[48] Vgl. Ebster, Claus/Stalzer, Lieselotte: Wissenschaftliches Arbeiten für Wirtschafts- und Sozialwissenschaft-ler, Wien 2003, S. 50

• Aufgrund der (u. U. mehrfachen) Verweise auf eine Quelle aus dem Textzusammenhang einer wissenschaftlichen Abhandlung heraus erhält man einen besseren Anhaltspunkt über die mögliche Eignung der zitierten Quelle für die eigene Arbeit als im Fall einer reinen – an Schlagworten orientierten – Titelrecherche.

Als alleinige Suchstrategie ist das Schneeballsystem eine unsystematische Vorgehensweise, die zwei gravierende Mängel aufweist:

• die Literatursuche nach dem Schneeballsystem kann nur Quellen ausfindig machen, die bereits vor der Ursprungsquelle veröffentlicht wurden; aktuellere Literatur wird nicht erfasst,

• man unterwirft sich der durch die Ausgangsquelle getroffenen Literaturauswahl und damit einer vorgeprägten wissenschaftlichen Auffassung.

Das Schneeballsystem eignet sich damit hervorragend zur Klärung der Frage, wie viel Literatur zu einem Thema vorliegt, kann aber eine systematische Suche relevanter Quellen nicht ersetzen.

9.2.6 Die Recherche nach Veröffentlichungen namhafter Autoren (wichtige Literatur)

Die Berufung auf namhafte Wissenschaftler, die sog. Autoritäten des Fachgebietes, ist die gebräuchlichste Funktion des Verweises auf Literaturquellen. Die häufig auch international anerkannten Spitzenvertreter einer Wissenschaftsdisziplin prägen die Weiterentwicklung ihres Fachgebietes. Veröffentlichungen renommierter Fachvertreter bringen die herrschende Wissenschaftsmeinung und die Auseinandersetzung mit dazu existierenden konträren Auffassungen zum Ausdruck. Um zu einem ausgewogenen Ergebnis der eigenen wissenschaftlichen Arbeit zu gelangen, ist es erforderlich, kontroverse und konkurrierende Standpunkte ausfindig zu machen und diese gegeneinander abzuwägen.

9.2.7 Die Suche nach aktueller Literatur

Je stärker ein wissenschaftliches Problem durch die aktuelle Diskussion geprägt ist, desto größer ist der Anteil neuerer und neuester Quellen, die zur Bearbeitung eines Themas herangezogen werden müssen. Wichtigste Quellen sind Artikel in Fachzeitschriften, Kongressbeiträge sowie in steigendem Maße elektronische Publikationen. So ist es z. B. möglich, nach vorheriger gründlicher Recherche und sicherer Kenntnis der Basisliteratur, direkt mit Wissenschaftlern über die Homepage der betreffenden Universität/Institution oder deren E-Mail-Adresse Kontakt aufzunehmen und so an neueste Forschungsergebnisse zu gelangen.

9.2.8 Die Recherche nach verschiedenen Forschungsschwerpunkten (Standardliteratur)

Wenn man sich in ein Thema erst einarbeitet, ist die Bedeutung einer Quelle nicht von vornherein ersichtlich. Nähert man sich einem Thema aus verschiedenen Blickwinkeln und trägt Literaturangaben von diesen Ansatzpunkten aus zusammen, kristallisieren sich daraus die von allen Seiten zitierten Quellen als Standardliteratur heraus, die auch als Basisliteratur für die eigene Arbeit dienen.

9.2.9 Der Anspruch der Vollständigkeit der Literaturauswahl

Für **Seminar-, Bachelor- und Masterarbeiten (Diplomarbeiten)** ist keine groß angelegte, systematische Literaturrecherche durchzuführen. Aufgrund der begrenzten Bearbeitungszeit sowie der in wenigen Wochen oder Monaten bewältigbaren Anforderungen, ist es vor allem erforderlich, die Augen z. B. für aktuelle Veröffentlichungen offen zu halten und sich nicht mit der erstbesten Quelle zufrieden zu geben. Der Anspruch an die **Doktorarbeit** ist demgegenüber sehr viel größer. Hier ist es erforderlich, die für die engere Fragestellung relevante Literatur vollständig zu erfassen, um den Anspruch der Doktorarbeit, einen Beitrag zum Fortschritt der Wissenschaft zu leisten, überhaupt erfüllen zu können. Dementsprechend nimmt die Bedeutung systematischer Recherchen mit dem Anspruchsniveau der anzufertigenden wissenschaftlichen Arbeit zu. So sind bei der Anfertigung einer **Doktorarbeit** alle fünf beschriebenen Systeme der Literaturrecherche anzuwenden, während bei **Seminar-, Bachelor- und Masterarbeiten (Diplomarbeiten)** aufgrund der vorgegebenen Themeneingrenzung die Recherche nach verschiedenen Forschungsrichtungen und der Anspruch auf Vollständigkeit der themenrelevanten Literatur nicht systematisch zu erfüllen sind. Hinsichtlich der drei weiteren Recherchesysteme (vorhandene Literatur, wichtige Literatur, neueste Literatur) sind die Anforderungen an **Seminar-, Bachelor- und Masterarbeiten (Diplomarbeiten)** geringer als bei der Doktorarbeit und in ihrer Ausprägung nicht unwesentlich vom individuellen Engagement des Studierenden geprägt.

Die Bedeutung der Recherchesysteme für die Textentwicklung

Die verschiedenen Systeme der Literaturrecherche können bei jeder wissenschaftlichen Arbeit eingesetzt werden, ihre jeweilige Bedeutung ergibt sich aus

- dem Anspruch des Themas und des Verfassers der Arbeit,

- den Vorkenntnissen des Verfassers,

- der Literaturlage (viel/wenig Literatur zum Thema vorhanden).

Das Schneeballsystem ist nicht nur für die Seminararbeit geeignet, sondern auch zur Erschließung thematischer Aspekte der Bachelor-/Master- (Diplom-) und der Doktorarbeit. Je stärker ein Thema – sei es durch Vorgaben des Betreuers oder durch präzisierte inhaltliche Vorstellungen des Verfassers der Arbeit – vorstrukturiert ist, desto besser lässt sich die themenrelevante Literatur ermitteln. Das Schneeballsystem stellt also nicht nur die Grundlage der Einarbeitung in ein Thema dar, es ist bei vielen Themen völlig ausreichend, um ein den Anforderungen entsprechendes Literaturverzeichnis aufzubauen. Je mehr ein Thema sich in Entwicklung befindet und je kontroverser es diskutiert wird, desto schwieriger wird es, die heranzuziehende Literatur abzugrenzen, die herrschende Meinung und den aktuellen Forschungsstand zu beurteilen und zu einem wissenschaftlichen Erkenntnisgewinn zu kommen. Es kann also bereits bei der Seminar-, Bachelor-/Masterarbeit (Diplomarbeit) erforderlich werden, die Literatursuche sehr systematisch zu betreiben. Voraussetzung dafür ist ein Stand der Einarbeitung in die jeweilige Thematik, ohne den eine zielgerichtete Suche nicht erfolgreich wäre.

Die folgende Übersicht stellt die Bedeutung der Literaturrecherche für die Anfertigung einer wissenschaftlichen Arbeit schematisch dar.

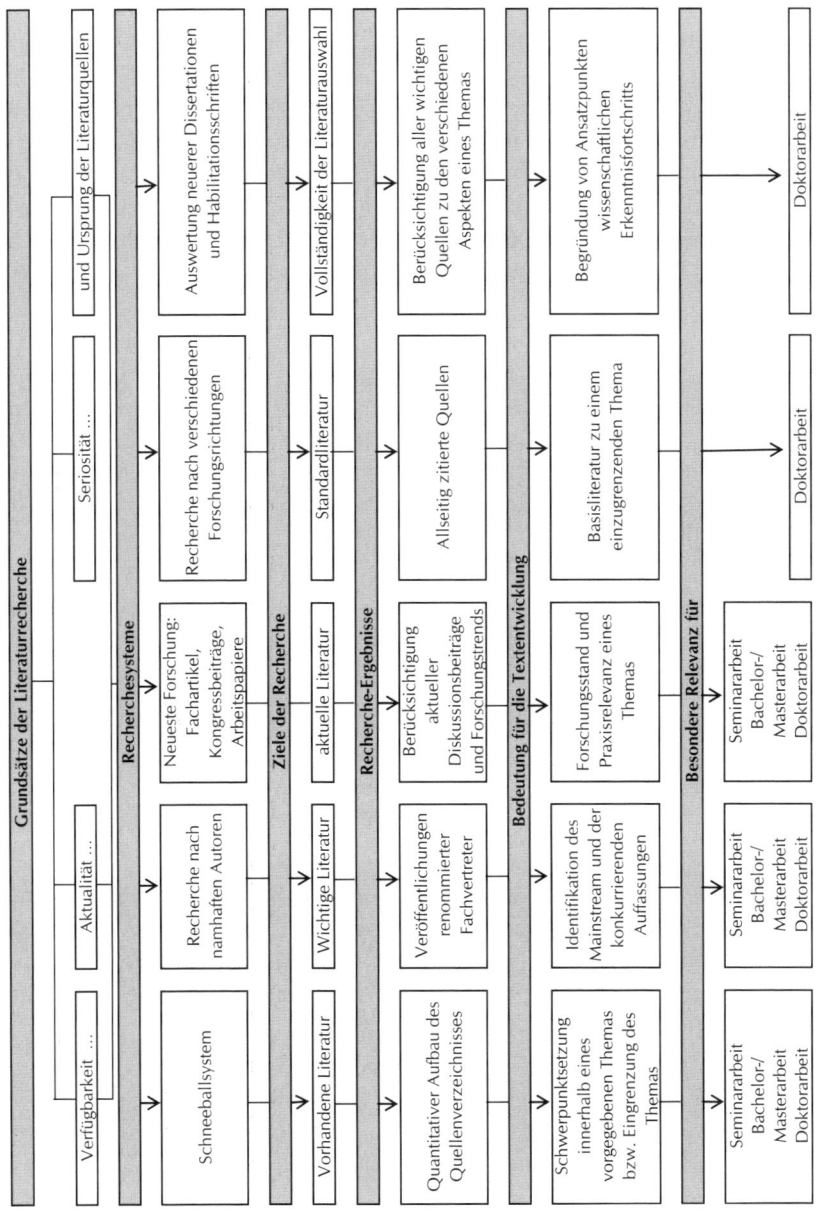

9.3 Wissenschaftliche Zitierweise

An vielen Hochschulen bzw. Lehrstühlen existieren eigene Zitierrichtlinien, die ausgegeben werden und für den Verfasser einer wissenschaftlichen Arbeit eine Gestaltungsvorgabe darstellen. Die folgenden Darstellungen sind nicht als ergänzende oder konkurrierende Empfehlung zu bestimmten Richtlinien anzusehen. Es soll lediglich gezeigt werden, welche Möglichkeiten des Zitierens und welche Formen des Belegs von Zitaten grundsätzlich gegeben sind.

9.3.1 Zitate

Zitate können nur in zwei Varianten auftreten: wörtliche Zitate (Originalzitate) und indirekte (sinngemäße) Zitate. Das Stilmittel des wörtlichen Zitats ist angesichts der mit einer wissenschaftlichen Arbeit verbundenen Anforderung der Eigenleistung äußerst sparsam einzusetzen.

9.3.1.1 Wörtliche Zitate

- sollen nur verwendet werden, wenn der betreffende Zusammenhang in eigenen Worten nicht anschaulicher, vor allem aber nicht kürzer dargestellt werden kann oder wenn es darauf ankommt, eine Aussage unverfälscht wiederzugeben,

- sind durch Anführungszeichen besonders kenntlich zu machen,

- sind buchstabengetreu mit eventuellen Fehlern wiederzugeben, wobei Fehler durch ein Ausrufungszeichen oder durch das lateinische „sic" (für „so lautet die Quelle") in eckigen Klammern gekennzeichnet werden [!][49], [sic],[50]

- können durch Auslassungen oder Ergänzung von Worten oder Satzteilen sowie durch Hervorhebung einzelner Begriffe modifiziert werden. Die Veränderungen dürfen den Sinn des Originalzitates nicht verändern und müssen durch Auslassungspunkte bzw. entsprechende Hinweise („Hervorhebung des Verfassers") gekennzeichnet werden,

- sollen in der Originalsprache wiedergegeben werden, wenn es sich dabei um eine anerkannte Wissenschaftssprache handelt (in der Regel Englisch, teilweise auch Französisch).[51] Zitate in anderen Sprachen müssen übersetzt

---

[49] Vgl. Scholz, Dieter: Diplomarbeiten normgerecht verfassen, Würzburg 2001, S. 54

[50] Vgl. Niederhauser, Jürg: Die schriftliche Arbeit, Mannheim 2000, S. 23

[51] Vgl. Scholz, Dieter: Diplomarbeiten normgerecht verfassen, Würzburg 2001, S. 54

werden, wenn es sich nicht zufällig um eine Fremdsprache handelt, die man selbst und der Betreuer fließend beherrscht.

9.3.1.2 Indirekte Zitate

In den meisten Fällen erfolgt die Wiedergabe übernommener Gedanken in eigenen Worten und wird durch indirekte, sinngemäße Zitate zum Ausdruck gebracht. Indirekte Zitate stehen nicht in Anführungszeichen, so dass der Umfang des übernommenen Gedankengutes auf andere Weise deutlich gemacht werden muss. Dies kann durch einen entsprechenden Einschub direkt im Text (z. B. „Diese Überlegung geht auf eine Untersuchung aus dem Jahre 2005 zurück ...") und durch einen Hinweis auf Quelle und Verfasser mit dem Zusatz „Vgl." für „Vergleiche" in einer Fußnote erfolgen. Ein indirektes Zitat kann auch nur durch Einfügen einer Fußnote am Ende des übernommenen Gedankengangs ohne ausdrücklichen Hinweis im Text gekennzeichnet werden.

Der wesentliche Unterschied zwischen einem wörtlichen und einem indirekten Zitat besteht darin, dass das wörtliche Zitat durch Anführungszeichen begrenzt wird, während auf den Umfang des indirekten Zitats besonders hingewiesen werden muss. Dies geschieht entweder durch eine entsprechende Formulierung im Text oder durch die Benennung der Fundstelle, der ein Zusatz der Form „Vergleiche" oder „Siehe" vorangestellt wird.

Einen Sonderfall des indirekten Zitats stellt das Auskunftszitat dar. Dieses wird relativ selten eingesetzt, ist aber in praxisorientierten Seminar-, Bachelor- und Masterarbeiten (Diplomarbeiten) bisweilen zu finden. Es kann sinnvoller sein, sich branchenspezifische Zusammenhänge, die für das allgemeine Verständnis der Arbeit von Bedeutung sind, von einem erfahrenen Praktiker erläutern zu lassen, diese in eigenen Worten darzustellen und in der Fußnote die Auskunftsperson einschließlich ihrer Stellung im Unternehmen anzuführen als sich in der Bewältigung fachfremder Literatur zu versuchen.

9.3.2 Fußnoten

Die zitierten Quellen werden jeweils in einer Fußnote aufgeführt. In einer Fußnote können eine oder mehrere Quellen aufgenommen werden. Neben dieser hauptsächlichen Funktion enthalten Fußnoten oft kurze Erläuterungen oder Kommentare, die im Text nicht untergebracht werden können oder den Textfluss stören würden.[52] Längere Ausführungen gehören nicht in Fußnoten.

---

[52] Vgl. Niederhauser, Jürg: Die schriftliche Arbeit, Mannheim 2000, S. 21

Die Seiten einer wissenschaftlichen Arbeit sollen vor allem mit Text gefüllt werden.

9.3.3 Belege

In wissenschaftlichen Arbeiten sind zwei Formen der Dokumentation von Fundstellen gebräuchlich: der Vollbeleg und der Kurzbeleg. Beim Zitieren mit Vollbeleg werden in der Fußnote alle Angaben aufgeführt, die zur genauen Lokalisierung der Fundstelle erforderlich sind, z. B. [*Brauner, Detlef Jürgen/Vollmer, Hans-Ulrich: Erfolgreiches wissenschaftliches Arbeiten, Sternenfels und Berlin 2008, S. 100*]. Wird der Titel erneut zitiert, ist es möglich, Zitierabkürzungen zu verwenden.

Zur Reduktion des Zitieraufwandes wurde der Kurzbeleg entwickelt. Der Quellenhinweis enthält nur noch den Autor ohne Vornamen (sofern nicht zur Unterscheidung erforderlich), das Erscheinungsjahr der zitierten Quelle und die Seitenzahl, im obigen Beispiel [*Brauner/Vollmer 2008, S. 100*]. Alle weiteren Informationen müssen bei Verwendung des Kurzbelegs dem Literaturverzeichnis entnommen werden, das selbstverständlich alle Quellen mit den vollständigen Angaben zu Autor, Titel, Erscheinungsort und -jahr usw. enthalten muss.

Insbesondere in kürzeren wissenschaftlichen Texten mit wenigen Literaturangaben und Zitaten ist der Kurzbeleg sinnvoll. In diesen Fällen kann man ganz auf Fußnoten verzichten, den Kurzbeleg in den Text integrieren und sogar auf das beim indirekten Zitieren erforderliche „Vgl." verzichten.[53]

Gegen den Kurzbeleg spricht, dass er bei umfangreicheren Arbeiten nicht in den Text integriert sein sollte, da die Lesbarkeit dadurch beeinträchtigt werden würde. Weiterhin bietet der Vollbeleg dem Leser mehr Informationen, ohne dass er im Literaturverzeichnis suchen bzw. blättern muss.

Weitere Zitierbeispiele werden hier nicht behandelt. Jeder, der eine wissenschaftliche Arbeit verfasst, besitzt genügend Sicherheit in der Handhabung der Literatur, um Beispiele für das korrekte und vollständige Zitieren von Büchern, Zeitschriftenaufsätzen, fremdsprachigen Quellen, Gesetzen usw. selbst umzusetzen, falls er nicht ohnehin vorgegebene Richtlinien einhalten muss. Als besonderen Service sind in der folgenden Übersicht gebräuchliche Zitierabkürzungen, ihre Bedeutung und Verwendung zusammengestellt, da der Vollbeleg nach wie vor weit verbreitet ist.

---

[53] Vgl. Bänsch, Axel: Wissenschaftliches Arbeiten, München 2003, S. 50

a.a.O.	Am angeführten Ort, ersetzt die Angabe des Erscheinungsortes und -jahres, wenn aus derselben Quelle zum wiederholten Mal zitiert wird
Aufl.	Auflage, meist entbehrlich, zitiert wird immer die neueste Auflage einer Quelle
Bd.	Band (engl. Volume, Vol.), genaue Bezeichnung eines Fortsetzungsbandes
Ders./dies.	Derselbe, dieselbe(n), Wiederholung von Autoren
Diss.	Dissertation (Doktorarbeit)
Ebd./ebda	Ebenda, in der unmittelbar zuvor zitierten Quelle
Et al.	Et alii (und andere, u.a.). Bei mehr als 3 Autoren oder Herausgebern eines Titels genügt die Nennung des ersten Namens mit dem Zusatz et al. oder u.a.
f./ff.	Zusatz zur Seitenzahl der Fundstelle, wenn ein übernommener Gedanke in der zitierten auf einer/mehreren Folgeseiten dargestellt wird.
H.	Heft (z.B. für die genaue Bezeichnung von Zeitschriftenausgaben)
Habil.	Habilitationsschrift, wissenschaftliche Arbeit über ein gesamtes Fachgebiet zur Erlangung einer Professur
Hrsg./hrsg. v.	Herausgeber/herausgegeben von
Ibd./ibidem	Entspricht ebd./ebda
Jg.	Jahrgang
Loc. Cit.	Loco citato, entspricht a.a.O.
N.N.	Nomen nescio (ohne Autor), entspricht o.V.
Nr./No.	Nummer (z.B. für die genaue Bezeichnung eines Heftes innerhalb eines Jahrgangs)
o.V./o.O./o.J.	Ohne Angabe des Verfassers/Erscheinungsortes/ Erscheinungsjahres (oft der Fall bei „Grauer Literatur")
p./pp.	In fremdsprachigen Quellen verwendet, wie S., unterscheidet aber zwischen einer und mehreren Seiten
Pass./ et pass.	Bezieht man sich auf einen Gedanken, der in der zitierten Quelle an mehreren Stellen auftaucht, versieht man die ausgewählte Fundstelle (Seitenzahl) mit dem Zusatz „et pass." Eher selten verwendete Zitierabkürzung ohne deutsche Entsprechung
S.	Eine Seite (S. 1), mehrere Seiten (S. 1-5)
s./sh.	Siehe, mögliches einleitendes Wort bei indirekten (sinngemäßen) Zitaten

[sic] oder [!]	„So (lautet die Quelle)", Zitierzusatz in eckigen Klammern, um auf falsche oder heute nicht mehr gebräuchliche Schreibweise im Originalzitat hinzuweisen
Sp.	Spalte, relevant bei mehrspaltigem Layout von Zeitschriftenaufsätzen
u. a.	Und andere, entspricht et al.
usw.	Bei mehreren Erscheinungs- oder Verlagsorten eines Titels genügt die Nennung des ersten Ortes mit dem Zusatz usw., z. B. statt Hamburg/Berlin/Frankfurt am Main/New York nur Hamburg usw.
Verf.	Verfasser, wird verwendet bei eigenen Anmerkungen, z. B. (Hervorhebung d. Verf., Anm. d. Verf., Ergänzung d. Verf.)
Vgl.	Vergleiche, hat dieselbe Funktion wie s./sh.
Vol.	Volume (in fremdsprachlichen Quellen), entspricht Bd.
Zit.	(bei, nach, von), Zusatz zur Kenntlichmachung eines Sekundärzitates und der Quelle, aus der es übernommen wurde

Übersicht 15: Gängige Abkürzungen zur Dokumentation von Fundstellen

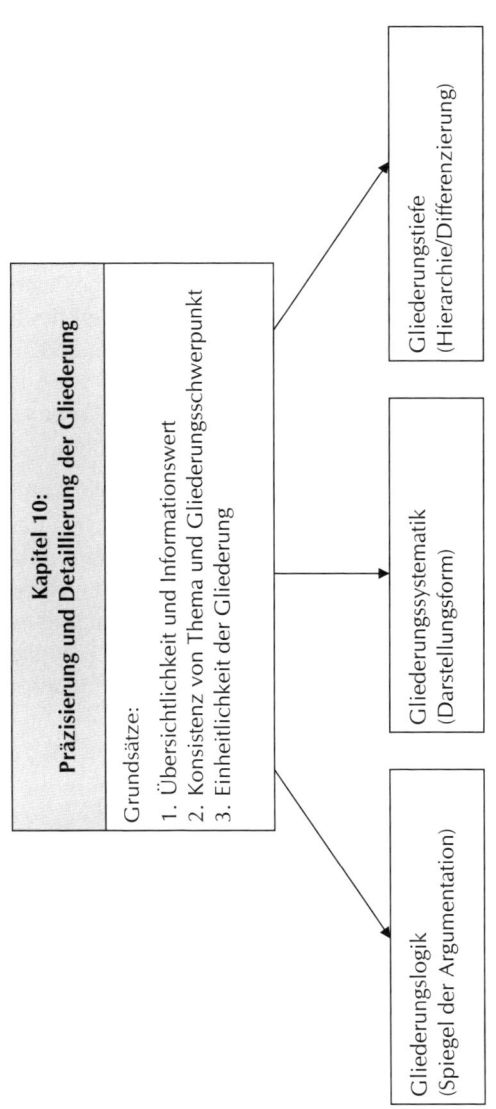

10. Präzisierung und Detaillierung der Gliederung

10.1 Formale und inhaltliche Gewichtung

Infolge der zielgerichteten Erarbeitung des Themas und der vertiefenden Literaturstudien sind viele Textstellen schon zu einem großen Teil ausformuliert, mindestens aber soweit konkretisiert, dass man die geplanten Inhalte von noch nicht formulierten Punkten stichwortartig erfasst hat. Die Gliederung steht, muss jedoch in ihrer Struktur verbessert und aussagekräftiger werden. Durch Sichtung der Gliederung verschafft sich der Leser erste überblicksartige Informationen, indem er erkennt, durch welche Überschriften und Gliederungspunkte die behandelte Fragestellung thematisiert wird. Es wäre nicht ausreichend, in einer wissenschaftlichen Arbeit alle Aspekte des Themas zu behandeln, wenn dies in der Gliederung nicht zum Ausdruck kommt.

Unabhängig vom Inhalt der Arbeit sind in der Gestaltung der Gliederung spezielle Anforderungen zu erfüllen, damit sie dem Anspruch gerecht werden kann, die Verständlichkeit der Arbeit zu fördern bzw. ihre besondere Leistung zum Ausdruck zu bringen. Zu diesen Anforderungen gehört – neben der sachlich korrekten Zuordnung von Gliederungspunkten, die nach klaren Kriterien sowohl im Verhältnis zu übergeordneten als auch zu gleichrangigen Punkten vorgenommen werden muss – die formale und inhaltliche Überprüfung aller Gliederungspunkte hinsichtlich ihrer Einordnung als

- Kapitelrang,
- Oberpunkt,
- Unterpunkt,
- Text,
- ergänzender Hinweis oder
- vernachlässigbarer Aspekt,
- Abfolge der Gliederungspunkte innerhalb der einzelnen Kapitel und
- Wahl bzw. Überprüfung des geeigneten Gliederungsprinzips.

10.2 Die «4 - 3 - 2 - Regel» als minimales Ordnungsprinzip für den Aufbau der Gliederung

Immer wieder ist zu prüfen, ob die Darlegungen in der richtigen Ordnung erfolgen. Alle Kapitel müssen den gleichen Stellenwert besitzen. Hinführungen zum Thema müssen geschlossen am Anfang eines Kapitels abgehandelt werden und dürfen nicht in einzelnen Unterkapiteln nachgeholt oder ergänzt werden. Unterkapitel müssen logisch strukturierte Teilaspekte des Kapitelthemas behandeln. Ein Oberpunkt ist nur dann ein Oberpunkt, wenn er wenigstens in zwei Teilaspekte untergliedert werden kann. Demnach sollte ein Kapitel mit einer dreistufigen Gliederungstiefe wenigstens drei Gliederungspunkte mit wenigstens zwei Unterpunkten aufweisen.

Somit kann als grobe Orientierung die Regel «4 - 3 - 2» herangezogen werden: besteht der Hauptteil einer wissenschaftlichen Arbeit aus 4 Kapiteln, soll jedes Kapitel zumindest aus 3 Unterkapiteln mit jeweils mindestens 2 Gliederungspunkten zusammengesetzt sein. Gliederungsebenen mit nur einem Gliederungspunkt darf es nicht geben.

Schwerpunktsetzungen

Mit Anwendung der Regel «4 - 3 - 2» gelangt man von der ungewichteten Kapitelgliederung zur inhaltlichen Schwerpunktsetzung. Wenn ein Kapitel nicht in wenigstens 3 Unterkapitel gegliedert werden kann, so ist zu überlegen, ob es nicht selbst ein Unterkapitel darstellt und aufgelöst werden kann. Keinesfalls sollte man aus Gründen der formalen Symmetrie anstreben, für alle Kapitel eine einheitliche Gliederungstiefe zu erreichen. Eine möglichst detaillierte Gliederung hilft das Thema zu strukturieren. Wenn die Anzahl der Gliederungspunkte der untersten Ebene zweistellig wird, ist eine Grenze des Differenzierungsgrades erreicht und es besteht die Gefahr, dass der Autor, zumindest aber der spätere Leser den Überblick verliert.

Jede wissenschaftliche Arbeit sollte die mit dem Thema ausgelöste Erwartung des Lesers erfüllen und die Forschungsfrage umfassend diskutieren. Die sich damit befassenden Teile der Arbeit müssen auch den größten Umfang haben. Soll in einer Arbeit z. B. ein theoretisches Modell diskutiert oder weiterentwickelt werden, darf die Darstellung der Modellgrundlagen nicht mehr Raum haben als die Diskussion seiner Einsatzmöglichkeiten. Soll ein bestehendes Modell weiterentwickelt und einem Praxistest unterzogen werden, so muss die Weiterentwicklung der Modellgrundlagen sowie die Repräsentativität und Nachvollziehbarkeit der praktischen Anwendung im Zentrum der Arbeit stehen.

10.3 Begrenzung des Seitenumfangs einzelner Gliederungspunkte

Jeder Text soll ein einheitliches Bild vermitteln – das einer gewissen Ordnung unterliegt – und keine „Textwüste" darstellen. Deswegen müssen, so schwierig dies im Einzelfall auch sein kann, einige Regeln zum Textumfang der einzelnen Gliederungspunkte berücksichtigt werden, wenn die Arbeit einen einheitlichen Eindruck vermitteln und wie aus einem Guss wirken soll.

Grundsätzlich sollen

- nicht mehr als zwei Punkte auf einer Seite abgehandelt werden, damit der Text ein geschlossenes Bild bietet.[54] Der Mindestumfang eines Gliederungspunktes beträgt damit eine halbe Seite Text,

- sich die Ausführungen zu einem Gliederungspunkt möglichst auf zwei Seiten beschränken,

- zu einem Gliederungspunkt nicht mehr als neun Unterpunkte gebildet werden,[55]

- Gliederungen möglichst mit drei Gliederungsebenen auskommen.[56]

Für den Gesamtzusammenhang des Textes soll

- eine weitgehende Einheitlichkeit der Gliederungstiefe aller Kapitel angestrebt werden,

- ein Gliederungspunkt auf der untersten Stufe nicht umfangreicher behandelt werden als ein Punkt auf der nächst höheren Ebene desselben oder eines anderen Kapitels (Einheitlichkeit der Hierarchiestufen).

Insbesondere bei Seminar-, Bachelor- und Masterarbeiten (Diplomarbeiten) dürfte es möglich sein, diese Vorgaben an den Darstellungsumfang nicht nur zu beachten, sondern auch mit den inhaltlichen Anforderungen in Einklang zu bringen. Auch für eine in sich geschlossene Gestaltung der Doktorarbeit sind diese Vorgaben möglichst zu erfüllen. Der hohe wissenschaftliche Anspruch bezieht sich jedoch vor allem auf den Inhalt der Doktorarbeit. Ein Höchstmass an Einheitlichkeit der Gliederungsebenen kann dabei nicht angestrebt werden.

---

[54] Vgl. Scholz, Dieter: Diplomarbeiten normgerecht verfassen, Würzburg 2001, S. 42, vgl. Bänsch, Axel: Wissenschaftliches Arbeiten, München 2003, S. 13

[55] Vgl. Holzbaur, Ulrich D./Holzbaur, Martina M.: Die wissenschaftliche Arbeit: Leitfaden für Ingenieure, Naturwissenschaftler, Informatiker und Betriebswirte, München 1998, S. 81

[56] Vgl. Scholz, Dieter: Diplomarbeiten normgerecht verfassen, Würzburg 2001, S. 42

In der folgenden Übersicht sind die wesentlichen Kriterien dargestellt, nach denen eine Gliederung zu überarbeiten ist.

Überprüfung des Gliederungsaufbaus:

* Horizontale und vertikale Klarheit der Gliederungskriterien
  (Sind alle Gliederungspunkte sowohl auf ihrer Ebene als auch dem Oberpunkt korrekt nach eindeutigen Kriterien zugeordnet?)

* Themengerechte Gewichtung der Gliederungspunkte
  (Korrespondiert der Rang eines Gliederungspunktes mit seiner Bedeutung für das Thema?)

* Einheitlichkeit der Gliederungstiefe
  (in etwa gleich tiefe Untergliederung aller Kapitel des Hauptteils)

Überprüfung der Gliederungsstruktur:

* themenkongruente Schwerpunktsetzung
  (Kommt der Inhalt der Fragestellung in der Formulierung der Kapitelüberschriften deutlich genug zum Ausdruck?)

* Seitenumfang
  (Sind maximal zwei Gliederungspunkte auf einer Seite behandelt? Ist der Umfang der einzelnen Gliederungspunkte im Verhältnis zu anderen Punkten angemessen?)

* Einheitlichkeit der Hierarchieebenen
  (Wird ein Gliederungspunkt der unteren Ebenen umfangreicher behandelt als ein Punkt auf der nächst höheren Ebene desselben oder eines anderen Kapitels?)

Übersicht 16: Kriterien zur Überarbeitung der Gliederung einer wissenschaftlichen Arbeit

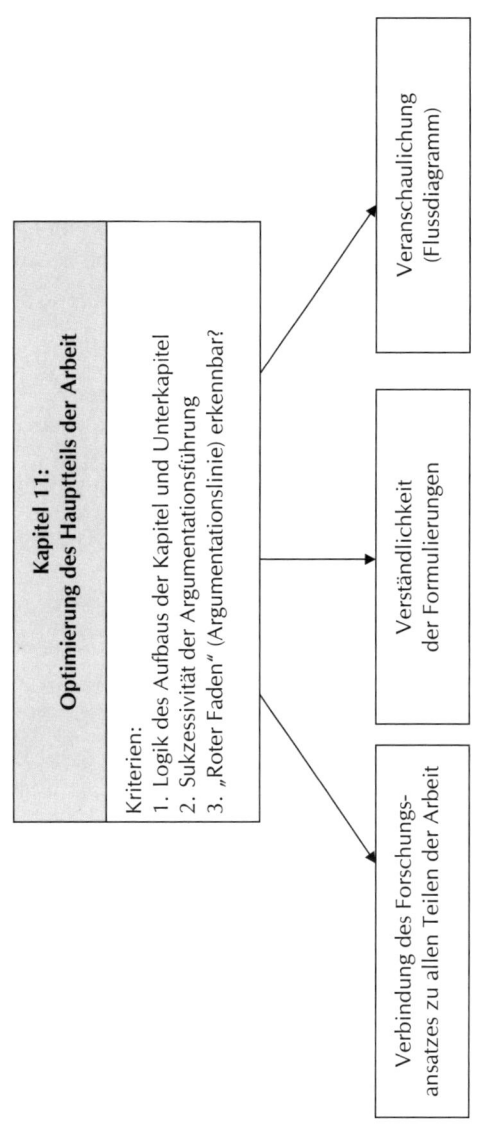

11. Optimierung des Hauptteils der Arbeit

11.1 Aufbau und Anordnung der einzelnen Abschnitte überprüfen

Die Arbeit ist geschrieben! Man selbst steckt tief in der Materie und versteht alles bzw. weiß, wie es gemeint ist, aber ist auch alles verständlich? Die Beantwortung dieser Frage sollte man nicht dem Betreuer überlassen, der die Arbeit zu bewerten hat, sondern eigene Anstrengungen unternehmen, um die Lesbarkeit der Arbeit zu verbessern. In der Regel wird man ohnehin auf sich allein gestellt sein, weil man wegen des herannahenden Abgabetermins gar keine Zeit mehr hat, um die Arbeit mit einer kompetenten Person seines Vertrauens durchzugehen, die die Arbeit gelesen haben sollte, um sinnvolle Vorschläge zur Verbesserung der Verständlichkeit machen zu können. Diese Situation ist für Seminar-, Bachelor- und Masterarbeiten (Diplomarbeiten) typisch.

Bei der Doktorarbeit hat man möglicherweise etwas mehr Zeit zur kritischen Auseinandersetzung mit den Inhalten der eigenen fast fertigen Arbeit. Allerdings sind die Anforderungen an das Verständnis der Zusammenhänge hoch, so dass man meistens keinen kompetenten und kritisch engagierten Diskussionspartner findet, einen wohlwollenden Doktorvater ausgenommen.

In jedem Fall muss davon ausgegangen werden, dass die meiste Arbeit zur Verbesserung vom Verfasser selbst geleistet wird, sei es durch Berücksichtigung von Verbesserungsvorschlägen kompetenter Berater oder in Umsetzung eigener Ideen.

11.2 Sukzessive Logik des Aufbaus und Nachvollziehbarkeit der Argumentation

Aufbau und Anordnung der einzelnen Kapitel und Untergliederungen sind nochmals genauestens zu überprüfen und nach Möglichkeiten einer verbesserten Darstellung zu suchen. Der Text ist weitgehend fertig, diese Überprüfung wird überwiegend anhand der Textüberschriften vorgenommen. Zur Darstellung des Aufbaus der Argumentation bieten sich zwei Möglichkeiten an, die nicht nur zur Selbstkontrolle erstellt, sondern auch beim mündlichen Vortrag im Seminar eingesetzt werden können. Es sind dies

- eine chronologische Darstellung der Haupt- und Nebenaspekte in der Reihenfolge ihrer Einführung in die Arbeit, gegebenenfalls veranschaulicht mit der Zahl des Jahres, in dem der Aspekt in die Literatur eingeführt wurde sowie dessen Hauptvertreter,
- eine grafische Darstellung des Aufbaus der Arbeit und der Verbindungen und Bezüge.

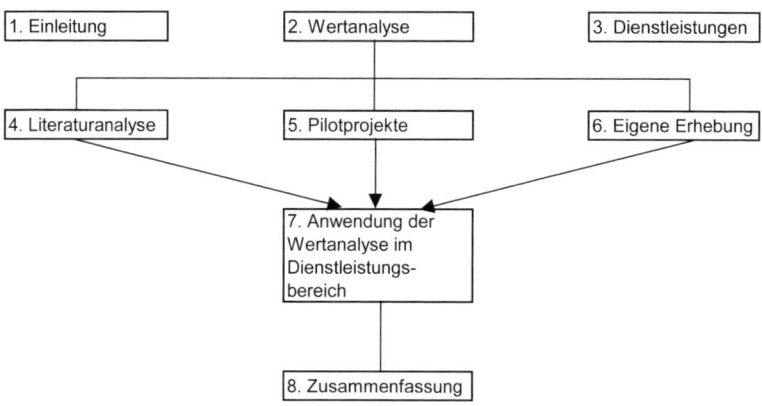

Übersicht 17: Grafische Darstellung einer wissenschaftlichen Arbeit zur Nachvollziehbarkeit der einzelnen Argumentationsschritte[57] Beispiel: „Anwendung der Wertanalyse im Dienstleistungsbereich"

11.3 Roter Faden erkennbar ?

Für einen groben Überblick mag eine grafische Darstellung ausreichen, ob der theoretische und praktische Bezug des Themas sauber und einheitlich auf einen gemeinsamen Ansatz zurückzuführen ist, der die Gliederung einbettet, kann nur anhand des Textes geprüft werden.

Funktioniert ein theoretischer Ansatz bzw. ein Modell nur unter bestimmten idealtypischen Voraussetzungen, die in der Praxis kaum gegeben sind (z. B.

---

[57] entnommen aus: Ebster, Claus/Stalzer, Lieselotte: Wissenschaftliches Arbeiten für Wirtschafts- und Sozialwissenschaftler, Wien 2003, S. 83

atomistische Konkurrenz, vollkommene Information, Rationalverhalten), so muss im Praxisteil der Arbeit dargestellt sein, unter welchen Voraussetzungen die praktische Anwendung erfolgt. Die gewählten Modellparameter sollten sich nicht völlig vom theoretischen Ideal abwenden, sondern eine weitestmögliche Harmonisierung theoretischer Grundlagen und praktischer Anforderungen darstellen, damit der Erklärungswert der Untersuchung möglichst hoch zu veranschlagen ist.

Dabei sind die Anforderungen je nach Art und Inhalt der Arbeit unterschiedlich. In **Seminararbeiten und Bachelor- und Masterarbeiten (Diplomarbeiten)** ohne Praxisteil kann das Prüfkriterium wie folgt formuliert werden: Besteht in allen Gliederungspunkten ein Bezug zum Thema? Enthält die Arbeit Gliederungspunkte, die Exkurse zum Thema darstellen? Bei **Dissertationen und Bachelor- und Masterarbeiten (Diplomarbeiten)** mit einer praktischen Anwendung des theoretisch entwickelten Modells ist ein weiteres Kriterium zusätzlich zu prüfen: Sind die Anforderungen der Theorie in der praktischen Anwendung hinreichend berücksichtigt und Einschränkungen begründet?

11.4 Übersichtlichkeit und Nachvollziehbarkeit

Wird die Argumentation in mehreren Schritten entwickelt, weil die behandelten Zusammenhänge komplex sind, kann an einer geeigneten Stelle, die das Ende der Entwicklung eines wichtigen Gedankengangs markieren soll, eine zusammenfassende Darstellung der bisher behandelten Aspekte mit Ausblick auf die anschließend zu bearbeitenden Punkte eingeschoben werden. Die Schaffung zusätzlicher Gliederungspunkte (Zwischenergebnis, Zusammenfassung) zur Unterteilung längerer Argumentationsketten oder Verdeutlichung wichtiger Argumentationsschritte erfordert zwar weiteren Formulierungsaufwand, eröffnet aber auch die Möglichkeit zusätzlicher verbaler Erläuterungen.

In der folgenden Übersicht wird die Vorgehensweise zur Überprüfung von Aufbau und Inhalt zusammengefasst.

Verbindet der theoretische Ansatz alle Teile der Arbeit?

- Prüfkriterium für Seminararbeiten und Bachelor- und Masterarbeiten (Diplomarbeiten) ohne Praxisteil: Besteht in allen Gliederungspunkten ein Bezug zum Thema? Enthält die Arbeit Gliederungspunkte, die Exkurse zum Thema darstellen?

- Weiteres Prüfkriterium für Dissertationen und Bachelor- und Masterarbeiten (Diplomarbeiten) mit Praxisteil: Sind die Anforderungen der Theorie in der praktischen Anwendung hinreichend berücksichtigt und Einschränkungen begründet?

Flussdiagramm des Untersuchungsaufbaus

Mögliche Formen:
- Grafische Darstellung des Aufbaus der Arbeit sowie der bestehenden Verbindungen und Bezüge der einzelnen Kapitel,
- eine chronologische Darstellung der Haupt- und Nebenaspekte in der Reihenfolge ihrer Einführung in die Arbeit.

Verbesserung der Übersichtlichkeit durch Einschub von Zusammenfassungen

Funktionen:
- Bildung von Überleitungen zwischen Gliederungspunkten,
- Beendigung wichtiger Argumentationsschritte,
- Möglichkeit ergänzender Erläuterungen.

Übersicht 18: Kriterien zur Überprüfung der Logik des Aufbaus und der Nachvollziehbarkeit von Gliederung und Inhalt einer wissenschaftlichen Arbeit

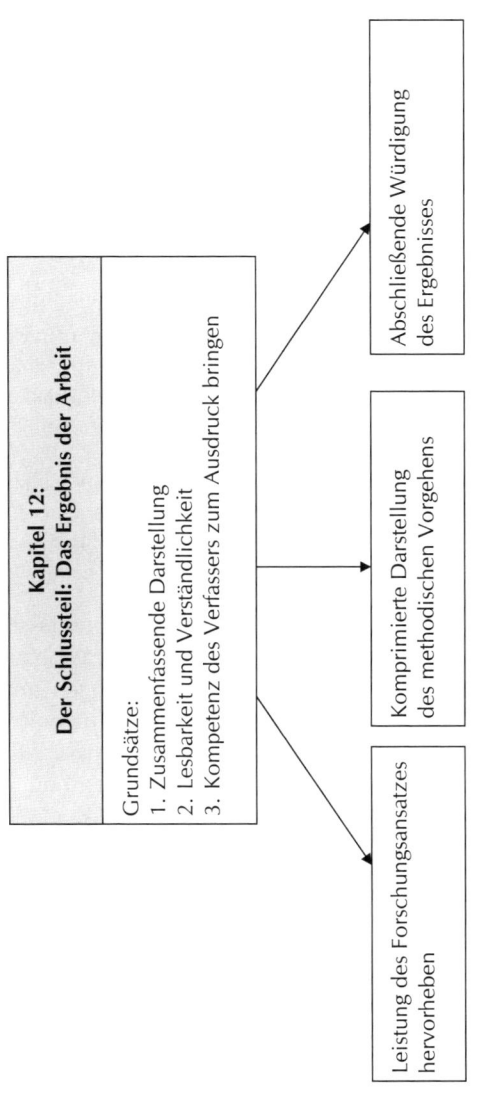

Kapitel 12:
Der Schlussteil: Das Ergebnis der Arbeit

Grundsätze:
1. Zusammenfassende Darstellung
2. Lesbarkeit und Verständlichkeit
3. Kompetenz des Verfassers zum Ausdruck bringen

Leistung des Forschungsansatzes hervorheben

Komprimierte Darstellung des methodischen Vorgehens

Abschließende Würdigung des Ergebnisses

12. Der Schlussteil: Das Ergebnis der Arbeit

Das Ergebnis der Arbeit ist nicht mehr Bestandteil des Hauptteils, sondern ein eigenes Kapitel. Es sollte aber als erster der den Hauptteil umrahmenden Abschnitte formuliert werden. Jede wissenschaftliche Arbeit kommt zu einem Ergebnis, das dargestellt und gewürdigt (bewertet, eingeordnet, relativiert) werden muss.

12.1 Wesentliche Inhalte des Ergebnisses

Im Zentrum des Kapitels „Ergebnis der Arbeit" stehen nicht die Resultate der Untersuchung, sondern die daraus resultierenden Erkenntnisse und Schlussfolgerungen. Mit Ergebnis der Arbeit ist also das Ergebnis der Auseinandersetzung mit dem Thema gemeint, das sich nicht z. B. in einer einzigen numerischen Zahl erschöpfen darf.

In **Seminararbeiten** wird das Ergebnis meist in Form eines Fazits gezogen. Dieses ist notwendigerweise kurz (weniger als eine Seite) und fasst die wesentlichen Erkenntnisse in einigen Sätzen zusammen. Auf Detailprobleme oder die Notwendigkeit weiterer Forschung wird dabei nicht eingegangen.

In **Bachelor-/Master- (Diplom-) und Doktorarbeiten** umfasst die Darstellung des Ergebnisses der Arbeit auch das methodische Vorgehen, d. h. den Untersuchungsansatz mit seinen spezifischen Voraussetzungen und (einschränkenden) Prämissen. In der Bachelor-/Masterarbeit (Diplomarbeit) bezieht sich die Würdigung des Ergebnisses vor allem auf die Tauglichkeit des gewählten Forschungsansatzes in Bezug auf die bearbeitete Fragestellung sowie auf dessen Grenzen der Leistungsfähigkeit.

In der **Doktorarbeit** geht es im Ergebnis darum, den Beitrag der Arbeit zum Fortschritt der Wissenschaft zu verdeutlichen. Die wesentlichen methodischen Untersuchungsschritte zur Erreichung dieses Ziels und der tatsächlich realisierte Erkenntnisfortschritt sowie ein abschließender Ausblick auf mögliche weiterführende Forschungen sind in der Darstellung des Ergebnisses der Arbeit enthalten.

12.2 Umfang der Darstellung des Untersuchungsergebnisses

Das Ergebnis einer **Seminararbeit** wird als kurzes Fazit in Form einer Zusammenfassung der wesentlichen Inhalte – gegebenenfalls ergänzt um abschließende Bemerkungen – in wenigen Sätzen formuliert.

Die Darstellung des Ergebnisses einer **Bachelor-/Masterarbeit (Diplomarbeit)** sollte zwei Seiten möglichst nicht überschreiten. Die Erkenntnisse aus einer Bachelor-/Masterarbeit (Diplomarbeit) sind im Allgemeinen nicht so bahnbrechend, dass sie mehr Platz zur Darstellung erfordern. Der Umfang der Eigenleistung des Verfassers sollte angemessen zum Ausdruck kommen, da das Ergebnis zusammen mit der Gliederung häufig eine erste Entscheidungsgrundlage für die Benotung bildet.

Im Rahmen der **Doktorarbeit** kommt es bei der Darstellung des Ergebnisses entscheidend darauf an, die erfolgreiche Bewältigung des Gangs der Untersuchung nachvollziehbar zu beschreiben, mit allen Herausforderungen und Klippen, die auf dem gewählten Weg zu überwinden waren. Häufig sind die praktisch verwertbaren Ergebnisse aus Untersuchungen, die im Rahmen von Doktorarbeiten durchgeführt wurden, nicht neu, vielmehr wird in der methodischen Vorgehensweise und in der Modellbildung die eigentliche Forschungsleistung begründet.

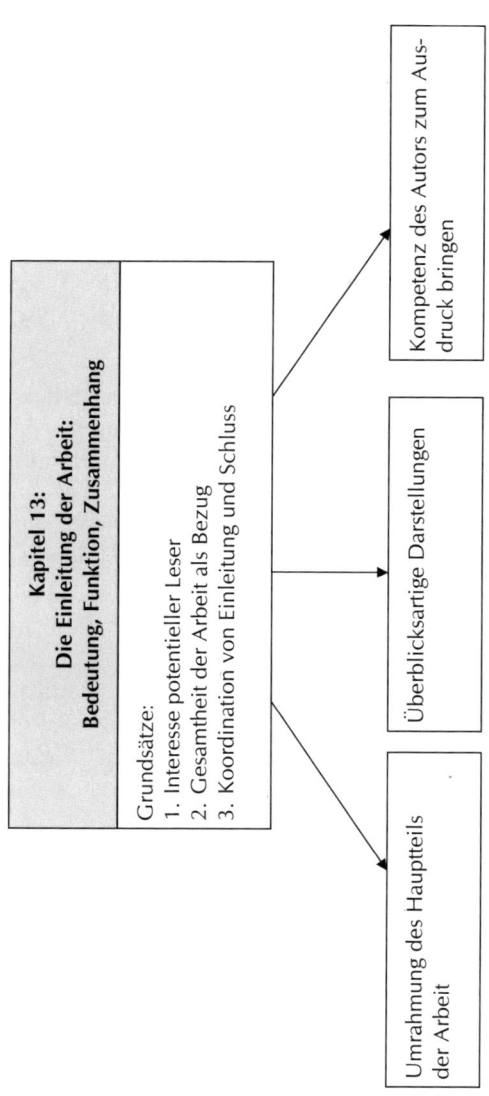

Kapitel 13:
Die Einleitung der Arbeit:
Bedeutung, Funktion, Zusammenhang

Grundsätze:
1. Interesse potentieller Leser
2. Gesamtheit der Arbeit als Bezug
3. Koordination von Einleitung und Schluss

Kompetenz des Autors zum Ausdruck bringen

Überblicksartige Darstellungen

Umrahmung des Hauptteils der Arbeit

13. Die Einleitung der Arbeit: Bedeutung, Funktion, Zusammenhang

13.1 Wesentliche Inhalte der Einleitung

In der Einleitung einer wissenschaftlichen Arbeit soll dem Leser ein Überblick über Aufbau und Inhalt der Untersuchung vermittelt werden, ohne wesentliche Ergebnisse vorwegzunehmen. Die Einleitung bezieht sich auf den gesamten Inhalt der Arbeit und enthält damit Aussagen zu allen ihren Teilen. Zusammen mit dem Schlussteil (Zusammenfassung, Ergebnis und Ausblick, Ergebnis der Arbeit) umrahmt die Einleitung den Hauptteil.

Im Gegensatz zum Schlussteil, der die Inhalte des Hauptteils zusammenfasst, bereitet die Einleitung den Hauptteil vor. Dies beschränkt sich bei der **Seminararbeit** auf eine kurze Einführung in das zu behandelnde Thema. Bei der **Bachelor-/Masterarbeit (Diplomarbeit)** ist in der Einleitung die besondere Bedeutung des Themas zu begründen, das Ziel der Arbeit zu formulieren und der gewählte Untersuchungsansatz sowie die Vorgehensweise zu beschreiben.

Bei der **Doktorarbeit** wird das Thema nicht nur begründet, sondern aus dem Zusammenhang entwickelt. Dies bedingt eine längere Einleitung, in der nach wenigen einführenden Sätzen der Forschungszusammenhang dargestellt und die Forschungsfrage entwickelt wird. Die Einleitung der Doktorarbeit endet mit der Formulierung der Forschungsfrage, deren Begründung und Einbettung in einen erweiterten Zusammenhang, in dem die angestrebten Erkenntnisse (der Beitrag der Arbeit zum Fortschritt der Wissenschaft) angesiedelt werden können.

13.2 Die Bedeutung des ersten und des letzten Kapitels der Arbeit

Einleitung und Schluss einer wissenschaftlichen Arbeit sollen Ziele und Inhalte der Arbeit bzw. die aus der Durchführung der Arbeit gewonnenen Erkenntnisse überblicksartig und in zusammengefasster Form enthalten. Der Leser soll aus diesen beiden Kapiteln eine Vorstellung über die wesentlichen Inhalte der Arbeit erlangen können. Beide Teile – Einleitung und Schluss – hängen daher eng miteinander zusammen, wie es in den dafür gebräuchlichen Synonymen „Prolog" und „Epilog" zum Ausdruck kommt.

Einleitung und Schluss einer wissenschaftlichen Arbeit

* müssen in sich abgeschlossen sein,
* jedes für sich allein gelesen verständlich sein,
* keine Kenntnisse voraussetzen, die im Hauptteil erarbeitet werden,
* die Zielsetzung der Arbeit erklären und die Vorgehensweise zur Erreichung der Zielsetzung nachvollziehbar darstellen (Einleitung),
* bzw. die Argumentationsschritte und Begründungen nachvollziehen und den Grad der Zielerreichung gemessen am eingangs formulierten Anspruch beurteilen (Schluss).

Einleitung und Schluss spiegeln den Hauptteil von gegenüberliegenden Seiten: Sie bilden gemeinsam den Rahmen des Hauptteils, auf dessen Inhalt sie sich beziehen. Der Schlussteil resümiert den Hauptteil, während die Einleitung den Leser darauf vorbereitet und hinführt. Aufgrund dieses Zusammenhangs können beide Teile nicht unabhängig voneinander entstehen. Der Überblick über den gesamten Text liegt erst vor, wenn der Schluss formuliert ist. Die Einleitung sollte deswegen nach Fertigstellung des Hauptteils und des Ergebnisses der Arbeit konzipiert und ausgearbeitet werden. Im Umfang sollten Einleitung und Schluss etwa gleich lang sein.

13.3 Funktion und Zielsetzung von Einleitung und Schluss

Die beiden Rahmenkapitel bilden das Entrée und das Arrivée der Arbeit. Sie sollen als Erläuterungsteile des Hauptteils das Interesse des Lesers an der gesamten Arbeit wecken. Es geht also darum, die mit der Arbeit verbundene Eigenleistung in aller Bescheidenheit ins rechte Licht zu rücken. Einleitung und Schluss müssen so formuliert sein, dass das einzigartige Erkenntnisinteresse der behandelten Problemstellung zum Ausdruck kommt, so wie man durch Interesse, Engagement und persönlichen Einsatz seinen eigenen individuellen Zugang zum Thema gefunden hat.

Kapitelübergreifende Formulierungen haben nicht nur die Funktion, das Interesse am Thema zu wecken, sondern sollen auch die besondere Kompetenz des Autors vermitteln. In der überzeugenden Darstellung der Bedeutung der Problemstellung und der Beurteilung der Bedeutung des Ergebnisses – beides in klarer und eindeutiger Ausdrucksweise – vermittelt der Autor einen Eindruck seiner Beurteilungsfähigkeit, seines Abstraktionsvermögens und seines ausgeprägten Verständnisses für Zusammenhänge.

In der folgenden Übersicht sind die Kriterien zur Erstellung von Einleitung und Schluss zusammengestellt.

- *Abgeschlossenheit*
  Einleitung und Schluss dürfen keine Fragmente sein, sie sollen das Wesentliche der Arbeit in zusammengefasster Form darstellen.

- *Überblick*
  Die allgemeine Bedeutung des Themas bzw. des Ergebnisses muss in den Darstellungen zum Ausdruck kommen.

- *Verständlichkeit*
  Einleitung und Schluss müssen verständlich sein, ohne auf Erkenntnisse Bezug nehmen zu müssen, die erst im Hauptteil entwickelt werden.

- *Unabhängigkeit*
  Einleitung und Schluss bauen nicht aufeinander auf, sondern stellen zwei verschiedene Blickrichtungen auf den Hauptteil dar. Sie müssen unabhängig voneinander lesbar und verständlich sein.

- *Interesse des Lesers*
  Die Rahmenkapitel stellen meistens die erste Auseinandersetzung des Lesers mit dem Text der Arbeit dar. Das mit dem Thema und der Gliederung schon geweckte Interesse soll erhalten und der Leser weiter an das Thema „gefesselt" werden.

- *Kompetenz des Autors*
  Letztlich dienen Einleitung und Schluss einer wissenschaftlichen Arbeit auch dazu, die besonderen Fähigkeiten des Verfassers zum Ausdruck zu bringen (Urteilskraft, Abstraktionsvermögen, Verständnis für Zusammenhänge).

Übersicht 19: Kriterien zur Formulierung von Einleitung und Schluss einer wissenschaftlichen Arbeit

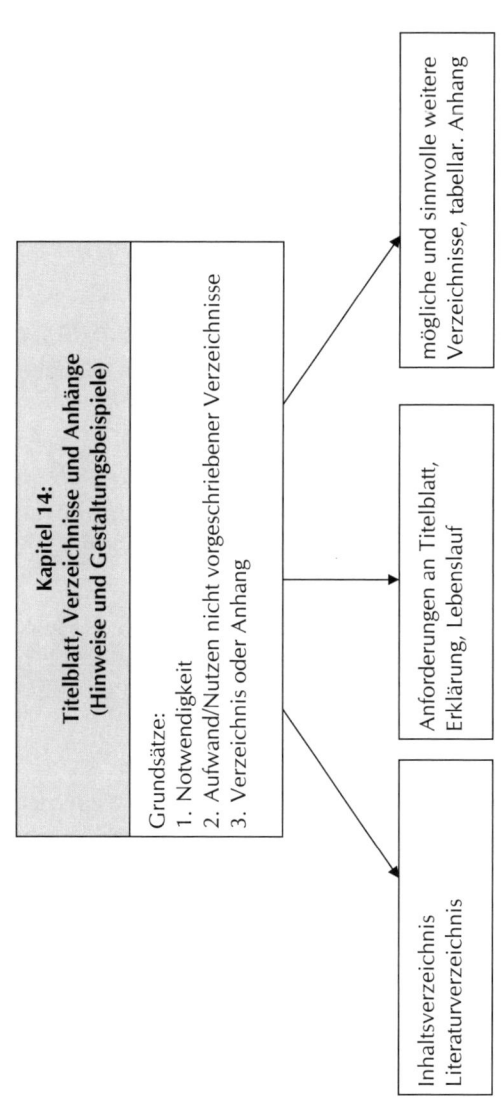

Kapitel 14:
Titelblatt, Verzeichnisse und Anhänge
(Hinweise und Gestaltungsbeispiele)

Grundsätze:
1. Notwendigkeit
2. Aufwand/Nutzen nicht vorgeschriebener Verzeichnisse
3. Verzeichnis oder Anhang

Inhaltsverzeichnis
Literaturverzeichnis

Anforderungen an Titelblatt,
Erklärung, Lebenslauf

mögliche und sinnvolle weitere
Verzeichnisse, tabellar. Anhang

14. Titelblatt, Verzeichnisse und Anhänge (Hinweise und Gestaltungsbeispiele)

Bei der Gestaltung von Titelblättern und Verzeichnissen sind viele Varianten möglich. Zu berücksichtigen sind vor allem bestehende Vorgaben in Prüfungs- bzw. Promotionsordnungen sowie Gebräuchlichkeiten an einzelnen Lehrstühlen, die bis zur Festlegung von Schriftarten und Formatierungsbefehlen reichen können.

Auf die wesentlichen Verzeichnisse wird im Text an den entsprechenden Stellen bereits eingegangen. Hier enthaltene Hinweise sind als Ergänzung bzw. Zusatzinformation gedacht.

14.1 Inhalt und Einteilung des Titelblatts einer wissenschaftlichen Arbeit

Das Titelblatt einer wissenschaftlichen Arbeit muss immer mindestens folgende Angaben enthalten:

> Titel der Arbeit
>
> (genehmigtes Thema),
>
> Art der Arbeit
>
> (Bezeichnung)
>
> Fach
>
> (Wahlfach, Lehrstuhl oder Fakultät)
>
> Schule/Hochschule
>
> (Name der Institution, Ortsangabe)
>
> eingereicht bei
>
> (Name des Gutachters mit akademischem Grad)
>
> vorgelegt von
>
> (Name des Verfassers),
>
> Ort und Datum
>
> (Ort, Monat und Jahr)

In der folgenden Übersicht sind mögliche Gestaltungsbeispiele dargestellt.

Titel der Arbeit (genehmigtes Thema) Art der Arbeit (Bezeichnung) Fach (Wahlfach, Lehrstuhl oder Fakultät) Schule/Hochschule (Name der Institution, Ortsangabe) eingereicht bei (Name des Gutachters mit akad. Grad) vorgelegt von (Name des Verfassers) Ort und Datum (Ort, Monat und Jahr)	Titel der Arbeit XXXXXXXXXXXXXXX Art der Arbeit XXXXXXXXXXXXXXX Fach XXXXXXXXXXXXXXX Schule/Hochschule XXXXXXXXXXXXXXX eingereicht bei XXXXXXXXXX vorgelegt von XXXXXXXXX Ort und Datum XXXXXXXXXX
Titel der Arbeit XXXXXXXXXXXXXX Art der Arbeit XXXXXXXXXXXXX Fach XXXXXXXXXXXXX Schule/Hochschule XXXXXXXXXXXXX eingereicht bei XXXXXXXXXXXXX vorgelegt von XXXXXXXXXXXX Ort und Datum XXXXXXXXXXX	Titel der Arbeit XXXXXXXXXXXXXX Art der Arbeit XXXXX Fach XXXXXXXXXXX Schule/Hochschule XXXXXXXXXXXXXX eingereicht bei XXXX vorgelegt von XXXXX Ort und Datum XXXX

Übersicht 20: Inhalt und Einteilungsmöglichkeiten des Titelblattes einer wissenschaftlichen Arbeit

14.2 Inhaltsverzeichnis

Das Inhaltsverzeichnis vermittelt dem Leser einen Überblick über Aufbau und Inhalt der Arbeit. Es muss alle Gliederungspunkte der Arbeit enthalten und wird vom Textverarbeitungssystem auf Befehl automatisch erstellt, wenn jeder Überschrift die entsprechende Gliederungsebene zugeordnet wurde. Ein Inhaltsverzeichnis ist für alle Forschungsarbeiten erforderlich, die wenigstens zehn Seiten umfassen und entsprechend strukturiert sind.[58] Bei sehr umfangreichen und tief gegliederten Inhaltsverzeichnissen kann dem Inhaltsverzeichnis eine Inhaltsübersicht vorangestellt werden, die eine beschränkte Anzahl der Gliederungsebenen enthält.[59]

14.3 Verzeichnis der Abbildungen und Tabellen

Fasst man wesentliche Inhalte in Übersichten zusammen, stellt ein Verzeichnis der Übersichten einen Service zum schnelleren Auffinden bestimmter Stellen dar und verbessert zusätzlich den Überblick über den gesamten Text. Seminararbeiten enthalten wegen ihrer relativen Kürze bestenfalls eine zusammengefasste Übersicht, **Bachelor-/Master- (Diplom-) und Doktorarbeiten** können je nach Zweckmäßigkeit eine oder mehrere Übersichten enthalten. Insbesondere bei **Seminar-, Bachelor- und Masterarbeiten (Diplomarbeiten)**, die jeweils wenige Abbildungen, Tabellen und Übersichten enthalten, kann deren Zusammenfassung zu einem gemeinsamen Verzeichnis der Darstellungen erfolgen.[60] Unabhängig davon, ob Abbildungen und Tabellen in Verzeichnissen zusammengefasst, in den Text integriert oder in einen Anhang gestellt werden, muss auf jede Darstellung im Text verwiesen werden.[61]

14.4 Literaturverzeichnis

Das Literaturverzeichnis folgt unmittelbar im Anschluss an den Text der Arbeit vor einem möglichen Anhang[62] und stellt für den interessierten Leser eine wichtige Informationsquelle dar. Es enthält die Quellenangabe zu jedem im

---

[58] Vgl. Scholz, Dieter: Diplomarbeiten normgerecht verfassen, Würzburg 2001, S. 41

[59] Vgl. Ebster, Claus/Stalzer, Lieselotte: Wissenschaftliches Arbeiten für Wirtschafts- und Sozialwissenschaftler, Wien 2003, S. 81

[60] Vgl. Bänsch, Axel: Wissenschaftliches Arbeiten, München 2003, S. 44

[61] Vgl. Grieb, Wolfgang: Schreibtips für Diplomanden und Doktoranden in Ingenieur- und Naturwissenschaften, Berlin 1995, S. 90

[62] Vgl. Scholz, Dieter: Diplomarbeiten normgerecht verfassen, Würzburg 2001, S. 57

Text aufgeführten Zitat, belegt die umfassende Auseinandersetzung mit der bearbeiteten Problematik und dient als Fundstelle für Literaturrecherchen.

Nur diejenigen Quellen, auf die im Text Bezug genommen wird, dürfen in das Literaturverzeichnis aufgenommen werden, dies ist keine unabhängige Zusammenstellung aller Quellen, die man während der Erarbeitung des Themas gesichtet hat.

Die Quellen müssen nach Autoren in alphabetischer Reihenfolge geordnet werden. Mehrere Quellen desselben Autors werden nach Erscheinungsjahren aufgeführt.

Das Literaturverzeichnis ist so zu gestalten, dass ein schnelles Auffinden der Quellen erleichtert wird. Verbreitet ist die Bildung von zwei nebeneinander liegenden Textblöcken, von denen der linke den Namen und Vornamen des Autors, der rechte Titel, Fundstelle, Erscheinungsort und Erscheinungsjahr der Quelle enthält. Die Hervorhebung der Autoren durch Grossbuchstaben oder Fettdruck oder die Aufführung der Quelle mit Absatzeinzug unter dem nicht besonders hervorgehobenen Autorennamen sind alternative Darstellungsmöglichkeiten, die dem Leser eine schnelle Orientierung innerhalb des Literaturverzeichnisses ermöglichen.

Aus der verwendeten Zitierweise ergeben sich zwei mögliche Konsequenzen für den Aufbau des Literaturverzeichnisses. Im Falle der Verwendung des Kurzbelegs müssen alle Quellen in alphabetischer Reihenfolge der Autorennamen aufgeführt werden. Eine Untergliederung des Literaturverzeichnisses in Bücher, Aufsätze, Gesetze, Statistiken und sonstige Quellen ist hier nicht möglich, wogegen bei Verwendung des Vollbelegs ein gruppiertes Literaturverzeichnis zulässig ist.[63] Der Kurzbeleg darf auch innerhalb des Literaturverzeichnisses zum Querverweis eingesetzt werden.[64] Dies kann sinnvoll sein, wenn z. B. mehrere Beiträge aus einem Sammelband zitiert werden.

[63] Vgl. Bänsch, Axel: Wissenschaftliches Arbeiten, München 2003, S. 49
[64] Vgl. Scholz, Dieter: Diplomarbeiten normgerecht verfassen, Würzburg 2001, S. 58

Beispiel:

Becker 1993	BECKER, Gary S.: Ökonomische Erklärung menschlichen Verhaltens, Tübingen 1993
	. . .
Michael 1993	MICHAEL, Robert T.: Zur neuen Theorie des Konsumentenverhaltens, in: Becker 1993, S. 145-166

Welche Form des Literaturverzeichnisses gewählt wird, muss nach Zweckmäßigkeit entschieden werden und hängt von der Belegform ab. Darüber hinaus können weitere hochschulinterne Richtlinien zu beachten sein.

14.5 Weitere mögliche Verzeichnisse

Als weitere Verzeichnisse sind denkbar:

• Verzeichnis der Begriffe und Definitionen,

• Liste der Symbole (Formelverzeichnis),

• Liste der Abkürzungen.

Werden in einem Forschungsbericht viele neue und ungebräuchliche Begriffe eingeführt oder verwendet, können diese in einem eigenen Verzeichnis zusammengefasst werden.[65] Bei **Seminar-, Bachelor- und Masterarbeiten (Diplomarbeiten)** können zentrale Begriffe in der Einleitung definiert, bei **Doktorarbeiten** unter einem Gliederungspunkt „Modellgrundlagen" oder „Grundlagen der Untersuchung" in die Arbeit eingeführt und diskutiert werden.

Eine Liste der Symbole enthält Formeln, Formelzeichen, Indizes, deren Größenbezeichnung, Dimension und Kennzeichnung. Nähere Erläuterungen erfolgen bei deren erstem Erscheinen im Text.

Abkürzungen im Text sollen nach Möglichkeit vermieden werden. Gebräuchliche Abkürzungen (bzw., d. h., u. a., usw., z. B.) werden als bekannt vorausgesetzt. Sinnvoll ist ein Abkürzungsverzeichnis bei mehrfacher Verwendung nicht gängiger Abkürzungen und Kurzbezeichnungen (BGH, BGBl., BMWi, UNESCO, UNICEF...) sowie zur Zitierabkürzung längerer Zeitschriftentitel (ZfB, BfuP, WiSt, wisu...).

Alle zusätzlichen Verzeichnisse sind sinnvoll, wenn sie zu einer Entlastung beim Lesen des Textes führen.

---

[65] Vgl. Scholz, Dieter: Diplomarbeiten normgerecht verfassen, Würzburg 2001, S. 44

14.6 Anhang

Umfangreicheres Material (längere Berechnungen, Statistiken, Dokumentationen, technische Zeichnungen, Skizzen, Schemata) kann in einem oder mehreren Anhängen untergebracht werden. Werden mehrere Anhänge gebildet, ist es sinnvoll, diese einzeln zu bezeichnen, z. B.

- tabellarischer Anhang,
- statistischer Anhang,
- methodischer Anhang,
- mathematischer Anhang,

um im Hauptteil einfacher auf spezifische Anhänge verweisen zu können. Die Inhalte des Anhanges sind für das allgemeine Verständnis der Arbeit nicht erforderlich, ihre Integration in den Text ginge zulasten der Übersichtlichkeit. Dennoch ist es – ebenso wie bei in den Text integrierten Darstellungen – erforderlich, dass wenigstens einmal aus dem Text heraus ein Bezug zu jedem Anhang hergestellt wird.

14.7 Inhalt der ehrenwörtlichen Erklärung

Die ehrenwörtliche Erklärung – auch als Eidesstattliche Versicherung bezeichnet – wird von den meisten Hochschulen für wissenschaftliche Abschlussarbeiten (Bachelor-/Masterarbeiten, Diplomarbeiten und Dissertationen) vorgeschrieben. Der Verfasser erklärt darin, die vorgelegte Arbeit selbständig unter Zuhilfenahme keiner anderen als der angegebenen Quellen angefertigt zu haben sowie dass die Arbeit bisher noch nicht veröffentlicht oder einer anderen Prüfungsbehörde vorgelegt wurde.

Der Wortlaut ist von Hochschule zu Hochschule verschieden und den entsprechenden Prüfungsordnungen zu entnehmen. Die Erklärung ist eigenhändig zu unterzeichnen.

14.8 Tabellarischer Lebenslauf

Der Lebenslauf ist obligatorischer Bestandteil der Einreichung einer Doktorarbeit. Er enthält wenigstens

- Vorname, Name und Geburtsdatum,
- Datum der Reifeprüfung,
- Studienzeiten,
- Datum des Hochschulabschlusses mit Nennung des verliehenen akademischen Grades,
- Berufsausübung und andere Tätigkeiten, die zur Darstellung eines lückenlosen Verlaufes führen.

Die jeweilige Promotionsordnung kann dazu nähere Regelungen enthalten. Der tabellarische Lebenslauf wird nicht unterschrieben.

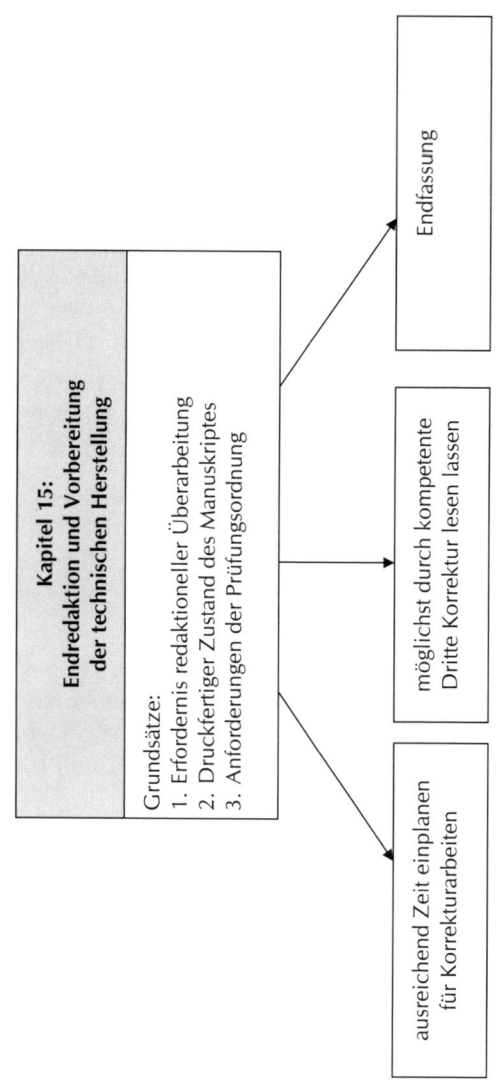

**Kapitel 15:
Endredaktion und Vorbereitung
der technischen Herstellung**

Grundsätze:
1. Erfordernis redaktioneller Überarbeitung
2. Druckfertiger Zustand des Manuskriptes
3. Anforderungen der Prüfungsordnung

Endfassung

möglichst durch kompetente
Dritte Korrektur lesen lassen

ausreichend Zeit einplanen
für Korrekturarbeiten

15. Endredaktion und Vorbereitung der technischen Herstellung

Jedes Manuskript kann oder könnte immer weiter verbessert werden. Es enthält aber auch Unzulänglichkeiten und Fehler, die eliminiert werden müssen, um das Gesamtbild der Arbeit nicht zu beeinträchtigen. Die Vornahme angemessener textlicher Verbesserungen, die Beseitigung von Schreib- und sonstigen Fehlern sowie die Vorbereitung der Textdatei zur Erreichung eines optimalen Druckergebnisses stellen die abschließenden Arbeiten dar, mit denen nochmalige Veränderungen des Inhalts verbunden sind.

15.1 Stilistische und orthographische Endkorrekturen

Die Überarbeitung des Textes konzentriert sich neben der Beseitigung offensichtlicher Schreibfehler vor allem auf stilistische Verbesserungen und textliche Straffung. Häufige Wiederholungen von Worten oder Formulierungen werden durch Synonyme abgemildert, Schachtelsätze (Satzungetüme) verkürzt, in mehrere Hauptsätze geteilt oder bei völliger Unverständlichkeit ersatzlos gestrichen. Nichtssagende Füllwörter (jedoch, dann, aber ...) werden aus ansonsten gut formulierten Sätzen gelöscht.

Überschriften sollten möglichst nach dem gleichen grammatikalischen Konstrukt aufgebaut sein wie die anderen Überschriften auf der gleichen Gliederungsebene. Sie sollten des Weiteren möglichst substantiviert sein, im Inhaltsverzeichnis in einer Zeile untergebracht werden und mit einem Satzzeichen enden.[66]

Beim Lesen ist weiterhin auf die Einheitlichkeit des Zitierbelegverfahrens (Kurzbeleg oder Vollbeleg) sowie auf die korrekte Dokumentation wörtlicher (in Anführungszeichen) und indirekter Zitate (Einleitungswort „Vgl." in der Fußnote) zu achten. Gegebenenfalls sind besondere hochschulinterne Richtlinien zu berücksichtigen.

Bei Abbildungen und Tabellen im Text ist zu prüfen, ob diese an passender Stelle eingefügt sind und ob im Text wenigstens einmal darauf verwiesen wird. In den Darstellungen selbst muss geprüft werden, ob sämtliche Bildunterschriften/Tabellenüberschriften vorhanden und einem eventuellen Verzeichnis zugewiesen sind, und ob Diagrammachsen richtig beschriftet und dimensioniert sind.

---

[66] Vgl. Scholz, Dieter: Diplomarbeiten normgerecht verfassen, Würzburg 2001, S. 42

15.2 Vorbereitung des Druckexemplares

Formatierung, Umbruch, Druckqualität und Auflösung der grafischen Elemente müssen zur Vorbereitung eines optimalen Druckergebnisses überprüft werden.

Im Rahmen der Formatierung sind unterschiedliche Schriftgrößen, Zeilenabstände und Absatzausrichtungen für Überschriften, Textabschnitte und Fußnoten vorgegeben und zu prüfen. Die korrekte fortlaufende Seitennummerierung ist sicherzustellen, falls Bilder, Farbdrucke oder Überformate in den Text integriert werden sollen. Beim Seitenumbruch ist darauf zu achten, dass möglichst keine nur wenig beschriebenen Seiten entstehen, Fußnoten möglichst auf derselben Seite enden und nicht auf der nächsten Seite weitergehen, in den Text integrierte Tabellen dürfen durch den Umbruch nicht zerrissen werden.

Abbildungen und Grafiken, die mit dem Text gedruckt werden, müssen in Probeausdrucken geprüft werden. Zur Verbesserung des Druckbildes müssen gegebenenfalls Kontraste und Hintergrundschattierungen angepasst werden. Die Endredaktion kann also nicht nur am Computer vorgenommen werden, sie hat auch am ausgedruckten Probeexemplar zu erfolgen.

Abschließend ist zu prüfen und sicherzustellen, dass die einzelnen Teile der Arbeit vollständig und in der richtigen Reihenfolge vorhanden sind. Daraufhin können Mehrfachexemplare kopiert und gegebenenfalls gebundene Exemplare erstellt werden.

In der folgenden Übersicht sind die erforderlichen redaktionellen und technischen Arbeiten zur Herstellung der Endfassung nochmals zusammengefasst.

Orthographische und stilistische Überarbeitung des Textes

– Korrektur von Schreibfehlern

– Vermeidung häufiger Wiederholung von Begriffen oder Formulierungen durch Synonyme

– Umformulierung zu langer Sätze (Schachtelsätze, Satzungetüme) in möglichst kürzere Sätze

– Durchgängig einheitlicher Zitierbeleg, kein Wechsel zwischen Belegarten

– Korrekte Dokumentation von Zitaten: alle wörtlichen Zitate in Anführungszeichen, indirekte Zitate mit Einleitungswort „Vgl."

– Abbildungen und Tabellen: Verweis aus dem Text, richtig platziert, korrekt und vollständig beschriftet?

– Zusätzliche hochschulinterne Richtlinien beachten

Druckvorbereitung

– Formatierung
Unterschiedliche, aber jeweils einheitliche Schriftgrößen, Zeilenabstände und Ausrichtungen von Überschriften, Text und Fußnoten

– Umbruch
korrekt fortlaufende Seitenzahlen im Falle des Einschubs von Farbdrucken oder Überformaten, keine zu wenig beschriebenen Seiten, kein Zerreißen von Tabellen oder Fußnoten durch den Umbruch

– Druckqualität
Prüfung des Ausdrucks von Abbildungen, die mit dem Text gedruckt werden, Anpassung von Kontrasten und Schattierung

– Vollständigkeit und richtige Reihenfolge aller Seiten

Übersicht 21: Erforderliche Korrekturen und Nacharbeiten an der Endfassung

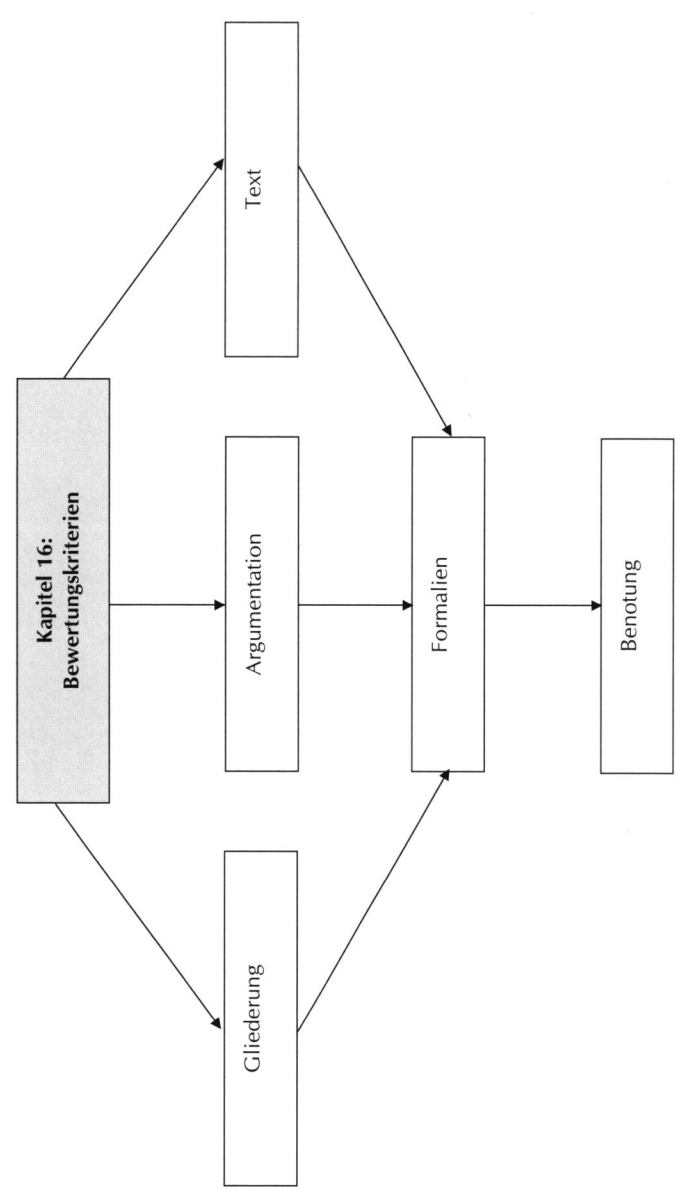

16. Kriterien zur Bewertung von Seminar-, Bachelor-/Master- (Diplom-) und Doktorarbeiten

16.1 Bewertungskriterien für Seminararbeiten

Die Transparenz der Kriterien zur Beurteilung von Prüfungsleistungen ist eine Problematik, die für jede Form der Notengebung – sei es in mündlichen oder schriftlichen Examina oder bei der Bewertung von Seminar-, Bachelor-/Master- (Diplom-) und Doktorarbeiten – gegeben ist. In der Regel setzt ein Prüfer wissenschaftliche Mitarbeiter als Vorkorrektoren von Prüfungsleistungen ein, die anhand vorgegebener Korrektur- und Beurteilungskriterien die endgültige Bewertung vorbereiten. Allein aus Gründen der arbeitsteiligen Bewältigung von Korrekturen muss sich die Bewertung von zu benotenden Leistungen an einem einheitlichen Kriterienraster orientieren. Einen vorbildlichen Beurteilungsbogen für **Seminararbeiten** hat Theodor Siegel an der Humboldt-Universität zu Berlin konzipiert:[67]

Detaillierte Hinweise auf Schwachstellen und Verbesserungsmöglichkeiten

(Nach Siegel, Theodor, Arbeits- und Seminarhinweise, 17. Auflage, Humboldt-Universität zu Berlin, Eigendruck 2002)

- **Inhalt**
  - Strukturierung und Gliederung
  - Argumentationsaufbau und Logik
  - Inhaltliche Klarheit und Prägnanz
  - Literaturverarbeitung
  - Methodenauswahl
  - Vollständigkeit
  - Selbständigkeit der Bearbeitung
  - Aktualität
  - Richtigkeit der Ausführungen
  - Kritische Stellungnahme

- **Verarbeitung**
  - Gliederungsordnung und -tiefe
  - Literaturverzeichnis
  - Weitere Verzeichnisse
  - Zitate, Zitierweise
- **Schriftliche Ausführung**
  - Layout, Schriftgestaltung, Schriftbild
  - Tabellen, Grafiken, Übersichten
  - Rechtschreibung
  - Abkürzungen
  - Interpunktion
  - Stil, sprachlicher Ausdruck

Übersicht 22: Bewertungskriterien für Seminararbeiten

Der Einfluss der Bewertungskriterien auf die Benotung einer Seminararbeit wurde von Astrid Kaiser dargestellt. Die von ihr gewählte Einstufung wird hier leicht verändert wiedergegeben:[68]

---

[67] Entnommen aus Theisen, M.R.: Wissenschaftliches Arbeiten, München 2002, S. 234

[68] In Anlehnung an Kaiser, Astrid: Paradigmenwechsel zur Leistungsbewertung: In: Winter, Felix: Leistungsbewertung. Grundlagen der Schulpädagogik. Band 49. Baltmannsweiler, 2004, S. V-VI

	Minimal-anforderungen	befriedigend	gut	sehr gut
Argumen-tation	verständlich formulierter Text	gut gegliederter Text	inhaltliche Argumentation deutlich auf die Fragestellung ausgerichtet	eigener Zugang zum Thema (Untersuchungskonzept und Gliederung der Arbeit)
Problem-stellung	Fragestellung/ Problemstellung der Arbeit beschrieben	Gang der Argumentation auf die Problemstellung bezogen	eigenständige Positionen dargestellt und begründet	Einordnung in den wissenschaftstheoretischen Kontext
Methodik	keine groben Fehldeutungen der verwendeten Literatur	Methoden der Untersuchung dargestellt	Methoden begründet und auf die Fragestellung bezogen	eigenständiger Umgang mit Methoden bezogen auf die Fragestellung
Literatur	keine rein additive Inhaltsangabe der verwendeten Literatur	ausgewogene Literaturauswahl	kritischer Umgang mit der verwendeten Literatur	eigenständige Positionen aus der Literatur weiterentwickelt

Übersicht 23: Einfluss der Bewertungskriterien auf die Benotung von Seminararbeiten

16.2 Bewertungskriterien für Bachelor- und Masterarbeiten (Diplomarbeiten)

In Form einer Checkliste hat Axel Bänsch an der Universität Hamburg einen Kriterienkatalog entwickelt, mit dem die wissenschaftliche Leistung eines Textes geprüft werden kann. Die Checkliste ist zur Beurteilung von **Seminar-, Bachelor- und Masterarbeiten (Diplomarbeiten)** geeignet. Die bei der Begutachtung relevanten Kriterien werden in Fragen gekleidet. Zu zehn ausgewählten Kriterien werden insgesamt 38 Fragen formuliert.[69]

---

[69] aus Bänsch, Axel: Wissenschaftliches Arbeiten, München/Wien 2003, S. 73-76

FRAGESTELLUNG

- Ist die Fragestellung klar formuliert?
- Ist die Fragestellung themenadäquat, d.h. bezieht sie sich ausschließlich auf das vorliegende Thema?
- Ist die Fragestellung dem Typ der jeweiligen wissenschaftlichen Arbeit adäquat, d.h. schöpft sie das Thema hinsichtlich Breite und Tiefe in der Form aus, die man z.B. bei einer Proseminararbeit, einer Hauptseminararbeit, einer drei- oder sechsmonatigen Diplomarbeit fordern kann?

BEHANDLUNG DER FRAGESTELLUNG

- Zeigen die Ausführungen themenfremde und/oder in der dargebotenen Breite nicht themennotwendige Passagen?
- Werden Themenfragen total ausgelassen oder nur partiell behandelt?
- Werden Argumentations-/Beleg-/Beweisketten entwickelt (oder werden einfach Behauptungen aufgestellt, bloße Mutmaßungen und/oder Spekulationen unterbreitet)?
- Sind die entwickelten Argumentations-/Beleg-/Beweisketten lückenlos und in sich widerspruchsfrei?
- Welche Stärke zeigen die einzelnen Kettenglieder im Sinne von überzeugend/beweiskräftig versus fragwürdig/zweifelhaft?
- Werden in Relation zu dem zu demonstrierenden wissenschaftlichen Niveau ,Selbstverständlichkeiten/Trivialitäten' ausgebreitet (z.B. Grundstudiums-, Erkenntnisse' in einer Diplomarbeit)?
- Gibt es ungerechtfertigte Wiederholungen?

ERGEBNISSE

- Sind die Ergebnisse klar formuliert?
- Harmonieren die Ergebnisse mit der Fragestellung?
- Sind die Ergebnisse in sich widerspruchsfrei?
- Erscheinen die Ergebnisse ,wie die Kaninchen aus dem Zauberhut' oder sind sie die folgerichtigen Schlussglieder von Argumentations-/Beleg-/Beweisketten?

GLIEDERUNG

- Ist die Gliederung formal korrekt (konsequente Gliederungs-Klassifikation, tatsächliche und vollständige Untergliederung, richtige Zuordnung von Ober- und Unterpunkten, Kriterienreinheit der Untergliederungen, angemessene Gliederungstiefe)?
- Ist die Gliederung in allen Teilen und insgesamt inhaltlich verständlich und in Bezug auf das Thema aussagefähig?

EIGENSTÄNDIGKEIT

- Zeigt die Arbeit Eigenüberlegungen in Form eigener Ansätze, zeigt sie Umsetzung eigener Ideen?
  - Auf welchem Niveau liegen diese Eigenleistungen?
  - Wie treffend/abgesichert erweisen sie sich?
- Werden Literaturlücken registriert und zu schließen versucht?
- Werden Widersprüche und Fragwürdigkeiten in der Literatur herausgearbeitet, kommentiert und aufzulösen versucht?
- Zeigt die Arbeit Eigenständigkeit hinsichtlich
  - des Konzeptes der Problembearbeitung,
  - der Darstellung/Illustration, der Verdichtung und Verknüpfung des gesammelten Materials,
  - der Texte zur Wiedergabe/Kommentierung der Literatur?

DARSTELLUNGEN UND VERZEICHNISSE

- Sind die Darstellungen (Abbildungen, Tabellen) korrekt durchnummeriert und inhaltlich bezeichnet?
- Wurden die erforderlichen Verzeichnisse korrekt angelegt und an der jeweils richtigen Stelle der Arbeit platziert?

REINSCHRIFT

- Sind das Deckblatt, die Textvorlaufseiten, alle Textseiten und die Textnachlaufseiten in richtiger Aufteilung (Rand, Zeilenabstände) gut lesbar (Größe, Konturierung) gestaltet und in richtiger Form nummeriert?
- Wurde die eventuell vorgegebene Seitenzahl eingehalten?
- Ist die eventuell geforderte eidesstattliche Erklärung korrekt verfasst?

Übersicht 24: Bewertungskriterien für Bachelor- und Masterarbeiten (Diplomarbeiten)

16.3 Bewertungskriterien für Doktorarbeiten

16.3.1 Anforderungen an die schriftliche Arbeit

James E. Mauch und Jack W. Birch haben aus ihrer langjährigen Erfahrung als Hochschullehrer Bewertungskriterien für **Doktorarbeiten** entwickelt und erprobt, deren Beachtung sie bereits bei der Erstellung des Dissertationsexposés empfehlen. Die mit * gekennzeichneten Positionen 30 bis 41 der folgenden Aufstellung sind erst bei der Ausarbeitung des Themas relevant und können bei der Verfassung des Exposés unberücksichtigt bleiben:

Bewertungskriterien	schlecht (-)	mittel (0)	gut (+)	ausgezeichnet (++)	nicht zutreffend	Erläuterungen
1. Titel der Arbeit ist klar und prägnant						
2. Problemstellung ist von angemessener Bedeutung und eindeutig formuliert						
3. Anspruch und Grenzen der Untersuchung sind formuliert						
4. Abgrenzungen des Untersuchungsgegenstandes sind begründet und hinsichtlich der angestrebten Problemlösung angemessen						
5. Annahmen und Prämissen sind eindeutig formuliert						
6. Annahmen sind haltbar						
7. Die geplante Untersuchung verletzt keine Menschenrechte						
8. Wichtige Begriffe sind eindeutig formuliert						
9. Die zu untersuchenden Einzelaspekte oder Teilfragen sind klar herausgestellt						
10. Hypothesen, wissenschaftliche Grundlagen oder Forschungsfragen sind eindeutig formuliert						
11. Hypothesen, wissenschaftliche Grundlagen oder Forschungsfragen sind überprüfbar, nachvollziehbar, lösbar						
12. Hypothesen, wissenschaftliche Grundlagen oder Forschungsfragen sind aus der relevanten Forschungsliteratur entwickelt						
13. Das Verhältnis der Untersuchung zu früheren Forschungsarbeiten auf diesem Gebiet (Stand der Forschung) ist klar dargestellt						
14. Der Überblick über die themenrelevante Forschungsliteratur ist vollständig						
15. Die Vorgehensweise wird detailliert beschrieben						
16. Die Vorgehensweise ist zur Lösung des Problems geeignet						

17. Grundgesamtheit und Stichprobe sind eindeutig beschrieben						
18. Das Stichprobenverfahren ist angemessen						
19. Die Variablen wurden überprüft und ihre Anzahl begrenzt						
20. Die Methode der Datenerhebung wird beschrieben						
21. Die Methode der Datenerhebung ist mit der angestrebten Problemlösung vereinbar						
22. Validität und Reliabilität der erhobenen Daten werden erläutert						
23. Geeignete Methoden der Datenanalyse finden Anwendung						
24. Satzstruktur und Interpunktion sind korrekt						
25. Minimum an Tippfehlern						
26. Schreibweise und Grammatik						
27. Text ist verständlich und flüssig geschrieben						
28. Der Charakter des Textes zeigt Vorurteilsfreiheit						
29. Gesamturteil bezüglich Kreativität und Originalität der Problemstellung der Arbeit						
*30. Tabellen und Abbildungen werden effektiv eingesetzt						
*31. Ergebnisse der Untersuchung werden angemessen präsentiert						
*32. Die wesentlichen Schlussfolgerungen werden erschöpfend diskutiert und zu bisher vorliegenden Forschungsergebnissen in Beziehung gesetzt.						
*33. Die Bedeutung der eigenen Forschungsergebnisse wird erläutert						
*34. Die Beziehung zwischen dem gewählten Untersuchungsansatz und den daraus gewonnenen Erkenntnissen wird verdeutlicht						
*35. Eindeutige Schlussfolgerungen werden gezogen						
*36. Schlussfolgerungen basieren auf den erzielten Untersuchungsergebnissen						
*37. Verallgemeinerungen werden bestätigt						
*38. Grenzen und Schwächen der Untersuchung werden diskutiert						
*39. Die Bedeutung der Ergebnisse für das Forschungsgebiet werden diskutiert						
*40. Vorschläge für weitere Forschungsaktivitäten werden aufgeführt						
*41. Gesamturteil zur Durchführung der Untersuchung und zum Gesamtbild der Arbeit						

Übersicht 25: Beispiel eines bereits für die Erstellung des Dissertationsexposés anwendbaren Bewertungsrasters

16.3.2 Bewertungskriterien der mündlichen Doktorprüfung

Die Doktorprüfung setzt sich zusammen aus einer schriftlichen Arbeit und einer mündlichen Prüfung. Die Anforderungen an die Doktorarbeit gehen in die Bewertungsziele der mündlichen Doktorprüfung ein. In der mündlichen Doktorprüfung erfolgt eine allgemeine Beurteilung der wissenschaftlichen Kompetenz des Kandidaten, eine Beurteilung des substanziellen Gehalts seiner schriftlichen Arbeit sowie seiner Fähigkeit, vertieftes Wissen zu präsentieren und anzuwenden. Die folgende Übersicht zeigt die Beurteilungskriterien der Doktorprüfung.

I. Allgemeine Beurteilung

Beurteilt wird die Fähigkeit des Promovenden, auf praktischen oder wissenschaftlichen Forschungsgebieten Wissen und Kompetenz zu demonstrieren.

II. Die Bedeutung der schriftlichen Arbeit

Die schriftliche Arbeit muss folgende Kriterien erfüllen:

- Sie behandelt ein originäres Thema mit kreativer Problemlösung.
- Sie wurde vom Promovenden selbständig verfasst mit Hilfe begrenzter Unterstützung des Doktorvaters.
- Sie belegt beispielhaft die Fähigkeit des Verfassers, eigene kritische Gedanken zu formulieren sowie eigene und fremde Forschungsergebnisse, Theorien und wissenschaftliche Ausarbeitungen zu beurteilen.
- Die Arbeit repräsentiert eine Zusammenfassung und Integration der relevanten Forschung oder der theoretischen Perspektive des Promotionsthemas.
- Sie liefert einen substantiellen Beitrag zur Weiterentwicklung des Fachgebietes, indem sie gezieltes und vertieftes Wissen in einem besonderen Bereich desselben präsentiert.
- Die Arbeit stellt ein Instrument dar, mit dem der Verfasser Hypothesen aufstellt und verteidigt und seine Fähigkeit zu klarer, nachvollziehbarer wissenschaftlicher Argumentation demonstriert.
- Der Gegenstand der Arbeit ist von allgemeiner Bedeutung für das Fachgebiet und mit den theoretischen und methodischen Grundlagen des Faches konsistent.

III. Bewertungsziele der mündlichen Doktorprüfung

• Bewertung von Breite und Tiefe der Kenntnisse des Kandidaten auf dem Gebiet seines Themas sowie in angrenzenden Gebieten von theoretisch-wissenschaftlicher oder praktischer Bedeutung.

• Bewertung der Fähigkeit, Kenntnisse, Forschungsergebnisse und theoretische Perspektiven zu berücksichtigen und miteinander zu verbinden.

• Bewertung der Fähigkeit zu klarer und überzeugender mündlicher und schriftlicher Ausdrucksweise.

Übersicht 26: Bewertungskriterien für die mündliche Doktorprüfung

16.4 Folgerungen aus den Bewertungskriterien für wissenschaftliche Arbeiten

Jeder Prüfer entscheidet individuell über die Gewichtung der in die Beurteilung einer schriftlichen Arbeit eingehenden Kriterien. Eine „gute" Arbeit zeichnet sich aus durch

• Klarheit der Formulierungen,

• Nachvollziehbarkeit der Argumentation und

• Erreichung des eingangs formulierten Forschungszieles.

Jede wissenschaftliche Arbeit baut auf einer Forschungsabsicht auf, aus der das Forschungsthema, die Forschungsfrage und das Forschungsziel spezifiziert werden müssen. Gliederung und Text werden sukzessive entwickelt, wobei theoretische, methodische und darstellungstechnische Fragen und Probleme den Aufbau und die Gestaltung der Arbeit beeinflussen. Die aus dem Forschungsthema und dem Forschungsziel begründete Forschungsfrage wird in der Einleitung der Arbeit dargestellt, im Hauptteil gegliedert und unter Berücksichtigung aller relevanten Aspekte umfassend bearbeitet. Die Darstellung und Diskussion des mit der Beantwortung der Forschungsfrage erreichten Forschungszieles ist Gegenstand des Schlussteils der Arbeit. Das von uns entwickelte nachfolgend dargestellte Planungsschema zeigt die Zusammenhänge und Abhängigkeiten in Aufbau, Struktur und Gestaltung einer wissenschaftlichen Arbeit, während die oben dargestellten Kriterienkataloge und Bewertungsschemata auf die Einzelaspekte gerichtet sind, an denen Prüfer ihre Beurteilungen orientieren.

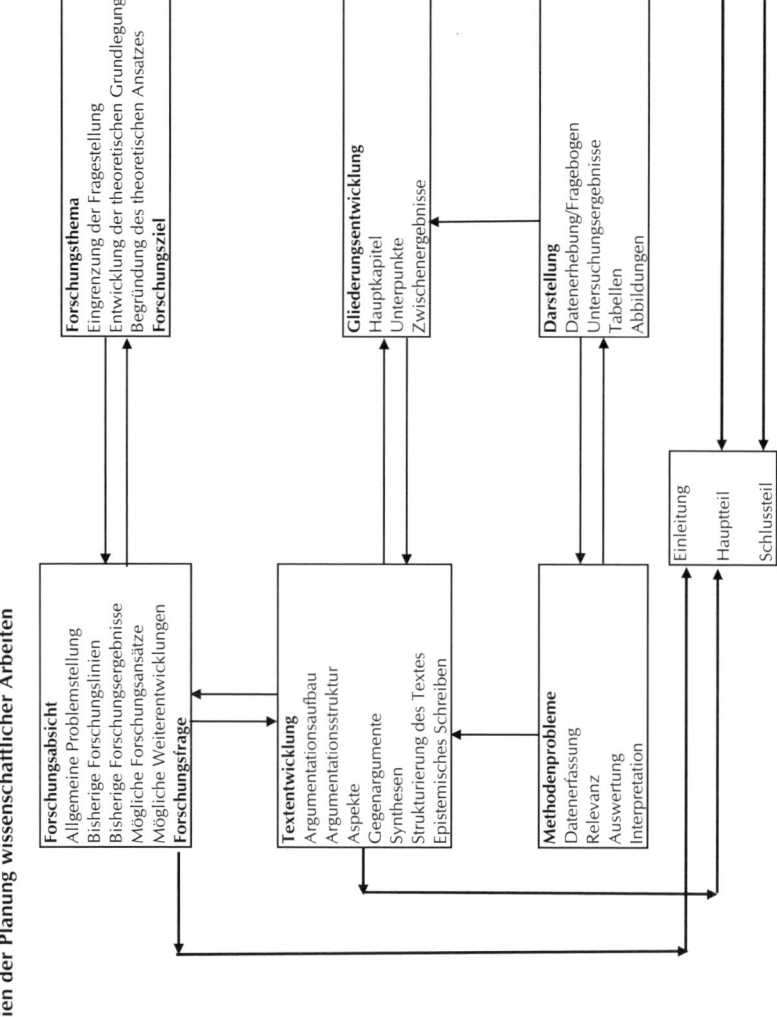

Kriterien der Planung wissenschaftlicher Arbeiten

Forschungsthema
Eingrenzung der Fragestellung
Entwicklung der theoretischen Grundlegung
Begründung des theoretischen Ansatzes
Forschungsziel

Gliederungsentwicklung
Hauptkapitel
Unterpunkte
Zwischenergebnisse

Darstellung
Datenerhebung/Fragebogen
Untersuchungsergebnisse
Tabellen
Abbildungen

Forschungsabsicht
Allgemeine Problemstellung
Bisherige Forschungslinien
Bisherige Forschungsergebnisse
Mögliche Forschungsansätze
Mögliche Weiterentwicklungen
Forschungsfrage

Textentwicklung
Argumentationsaufbau
Argumentationsstruktur
Aspekte
Gegenargumente
Synthesen
Strukturierung des Textes
Epistemisches Schreiben

Methodenprobleme
Datenerfassung
Relevanz
Auswertung
Interpretation

Einleitung
Hauptteil
Schlussteil

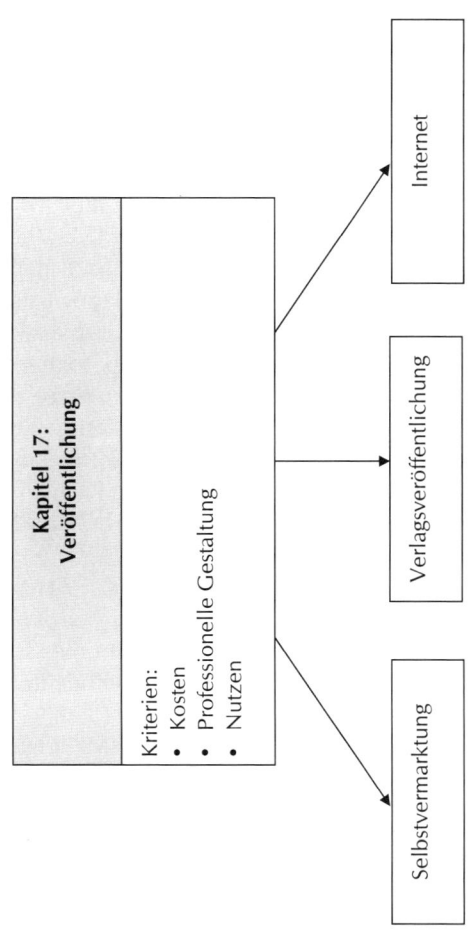

17. Veröffentlichung

Nachdem die Seminar-, Bachelor-/Master- (Diplom-) oder Doktorarbeit inhaltlich fertig gestellt und nach den Richtlinien der Hochschule formatiert wurde,
stellt sich die Frage, ob und in welcher Form eine Veröffentlichung sinnvoll
bzw. notwendig ist. Bei Seminararbeiten kommt eine Veröffentlichung in
Buchform inhaltlich auf Grund des nicht vorhandenen Erkenntnisfortschrittes
und technisch wegen des begrenzten Umfanges nicht in Frage. Gleichwohl
kann es sinnvoll sein, die Seminararbeit als Grundlage für einen Beitrag in einer Fachzeitschrift heranzuziehen (z. B. Wiso, WiSt etc.); in der Regel ist hierfür eine entsprechende Überarbeitung notwendig. Die Veröffentlichung von
Bachelor-/Masterarbeiten (Diplomarbeiten) in Buchform hat in den vergange-
nen Jahren stark zugenommen. Der Hauptgrund hierfür ist sicher darin zu sehen, dass die Absolventen/innen in ihrer Bachelor-/Masterarbeit (Diplomarbeit) ein Marketing-Instrument erkannt haben, das besonders hilfreich und geeignet ist, in der wichtigen und oftmals schwierigen Phase des Berufseinstiegs
den entscheidenden Wettbewerbsvorteil zu realisieren. Dabei sollte darauf
geachtet werden, dass die Veröffentlichung nicht im Eigenverlag, sondern in
einem (möglichst renommierten) wissenschaftlichen Fachverlag erfolgt, so dass
gewährleistet ist, dass die Publikation nicht nur herstellerisch ansprechend ist,
sondern auch die Chance auf eine entsprechende Verbreitung hat und nicht
zuletzt auch über jede Buchhandlung erhältlich ist. Wichtig für die Verbreitung des Werkes ist deshalb auch, dass der Verlag bei den relevanten Groß-
händlern (KNV, Libri, Umbreit etc.) gelistet ist, denn dies ist z. B. die Voraussetzung für eine Aufnahme des Titels beim Internetbuchhändler amazon.de.
Darüber hinaus sollte man sich beim Verlag über die konkreten Werbeaktivitä-
ten für sein Buch erkundigen (z. B. Einzelprospekt, Mailingaktionen bzw. Ein-
zelbewerbung des Titels, Buchausstellungen, Rezensionsmöglichkeiten etc.).
Die Mitarbeit des Autors kann hier sehr hilfreich sein, z. B. durch das Überlassen von Adressen, die Nennung von potentiellen Rezensenten oder aber auch
Kontakten zu Unternehmen bzw. Institutionen etc.

Sofern die vergleichsweise teure Veröffentlichung in Buchform (vgl. hierzu
17.3) nicht in Frage kommt, bestehen alternative Möglichkeiten, die Inhalte
der Bachelor-/Masterarbeit (Diplomarbeit) zu verbreiten: einerseits über Ein-
stellung des gesamten Textes oder von Textteilen in das Internet oder aber
über die eigene Produktion und gegebenenfalls Verbreitung von Exemplaren
(im Eigenverlag und/oder über das Internet). Die Erstellung der Exemplare
kann dabei in Form von kopierten, gebunden Seiten (Format A4) oder aber im
sog. Digitaldruck/print-on-demand in Buchform (meist A5) erfolgen. Anzumer-

ken bleibt, dass viele Autoren den zeitlichen Aufwand und die Kosten der Selbstvermarktung ihres Buches stark unterschätzen und die „Verarbeitungs-qualität" ihres Buches oftmals nicht den eigenen Vorstellungen entspricht.

Eine Doktorarbeit, die an einer deutschen Universität eingereicht wurde, muss auch veröffentlicht werden; in der Regel in Buchform (die Details sind den Promotionsordnungen der einzelnen Hochschulen zu entnehmen). Darüber hinaus besteht meist die Möglichkeit der Veröffentlichung auf Mikrofiche, von der aber selten Gebrauch gemacht wird oder über das Internet. Der Veröffent-lichung einer Dissertation in Buchform kommt besondere Bedeutung zu, da ein Teil der Doktoranden eine Karriere im wissenschaftlichen Bereich anstrebt; hierfür sind Publikationen, insbesondere die Doktorarbeit und die eventuell folgende Habilitationsschrift mit der Chance auf eine möglichst weite Verbrei-tung wichtig und Karriere fördernd. Aber auch für angestrebte Tätigkeiten au-ßerhalb des wissenschaftlichen Bereiches ist die Veröffentlichung der Disserta-tion in Buchform – insbesondere für die Phase des Berufseinstiegs – nicht zu unterschätzen.

17.1 Voraussetzungen

Sofern man eine Bachelor-/Masterarbeit (Diplomarbeit) in Buchform veröffent-lichen möchte, ist dies entweder im Selbstverlag (Eigenverlag) möglich oder aber die Veröffentlichung erfolgt über einen gewerblichen Verleger. Nachfol-gend beschränken wir uns auf die letztgenannte Variante, die Inverlagnahme durch einen (wissenschaftlichen) Verlag. Hierbei gilt es zunächst, einen geeig-neten Verlag zu finden. Dies kann bei Bachelor- und Masterarbeiten (Diplom-arbeiten) schwierig sein, da die großen wissenschaftlichen Verlage aufgrund ihrer Kostenstrukturen an kleinauflagigen Publikationen i.d.R. kein Interesse haben. Zudem besteht bei Bachelor- und Masterarbeiten (Diplomarbeiten) oft-mals das Problem, dass einerseits der Erkenntnisfortschritt der Arbeit begrenzt und/oder der Umfang des Textes zu gering ist. Selbst wenn die Bachelor-/Masterarbeit (Diplomarbeit) besonders gut bewertet wurde und einen Umfang von über 100 Druckseiten aufweist, kommen allenfalls kleinere Verlage (mit schlanken Kostenstrukturen) als Partner für die Veröffentlichung in Frage. Aber auch bei Kleinverlagen wird der Autor für seine Veröffentlichung i.d.R. einen sog. Druckkostenzuschuss leisten müssen. Die Höhe dieses Druckkos-tenzuschusses hängt von mehreren Faktoren ab: den potentiellen Marktchan-cen des Titels bzw. der Risikobereitschaft des Verlages, der Qualität der Druckvorlage, der Druckqualität (einfacher Digitaldruck mit 600 dpi Auflö-sung oder professioneller Offset-Druck mit 2540 dpi Auflösung), dem Umfang und der Ausstattung (Papier- und Einbandqualität) des Buches, der Anzahl der Autorenfreiexemplare, dem (gewünschten) Verkaufspreis, dem Autorenhonorar etc. (hierzu mehr in Abschnitt 17.3).

17.2 Anforderungen an die Druckvorlage

Hat man einen wissenschaftlichen Verlag für die Veröffentlichung seiner Bachelor-/Master- (Diplom-) oder Doktorarbeit gefunden, so muss vereinbart werden, wer die Druckvorlage erstellt. Wird diese Tätigkeit durch den Verlag ausgeführt, so ist mit zusätzlichen Kosten für Erstellung des Layouts zu rechnen (zwischen 3 und 10 Euro je Druckseite, je nach Schwierigkeitsgrad der zu bearbeitenden Daten bzw. Tabellen und Abbildungen). In der Regel wird die Druckvorlage jedoch vom Autor erstellt, wobei die Gestaltungsrichtlinien des Verlages zu Grunde gelegt werden. Dabei ist es stets sinnvoll, zunächst einige Seiten nach den entsprechenden Verlagsrichtlinien zu formatieren, diese vom Verlag überprüfen/genehmigen zu lassen und anschließend den gesamten Text zu formatieren.

In der Regel wurden die Hochschulexemplare der Bachelor-/Master- (Diplom-) oder Doktorarbeit im Format A4 erstellt, wobei als Grundschrift oft „Times (New) Roman", Schriftgröße 12 Punkt und ein 1,5facher Zeilenabstand sowie häufig ein sehr breiter Seitenrand in der Prüfungsordnung vorgeschrieben werden. Da das Buchformat nun aber A5 (oder etwas größer) werden soll, muss das Layout entsprechend angepasst werden. Zunächst könnte man annehmen, dass eine einfache Verkleinerung von A4 auf A5 (d.h. auf ca. 71 %) zum gewünschten Ergebnis führen würde; leider ist dem nicht so: die Schrift wird viel zu klein (nämlich 71 % von 12 Punkt = ca. 8,5 Punkt) und der Zeilenabstand (1,5zeilig) ist zu groß. So muss beispielsweise die Schrift auf 14 Punkt vergrößert und der Zeilenabstand auf das 1,3fache verkleinert werden. Zudem müssen die Seitenränder angepasst werden. Letztendlich bedeutet dies, dass ein komplett neuer Umbruch entsteht. In den meisten Fällen erhöht sich hierdurch auch die absolute Seitenzahl (unseren Erfahrungen nach um rund 10 Prozent gegenüber dem ursprünglichen A4-Manuskript). Der neue Umbruch muss sodann sorgfältig Korrektur gelesen werden, wobei insbesondere auf Trennungen und Seitenübergänge zu achten ist.

Ist die Formatierung des Textes nach den Vorgaben des Verlages abgeschlossen, wird – in der Regel vom Autor – aus den Daten eine so genannte PDF-Datei erstellt. Hierzu bedient man sich des Umwandlungsprogramms „Acrobate" (von Adobe). Die fertige PDF-Datei wird dann dem Verlag auf CD per Post oder als E-Mail zugesandt. Wir empfehlen, dem Verlag auch eine ausgedruckte Version des Textes zukommen zu lassen, damit letzte Korrekturen oder Kontrollen bei der Weiterverarbeitung rasch und unkompliziert möglich sind.

17.3 Kosten der Veröffentlichung

Soll die Veröffentlichung als Buch erfolgen, so muss eine geeignete Druckvorlage erstellt werden. Wie zuvor ausgeführt, kann die Druckvorlage (auf der Grundlage der Gestaltungsrichtlinien des Verlages) selbst erstellt werden oder aber man überlässt diese Tätigkeit dem Verlag oder einem professionellen Schreibbüro. Die Kosten für die Gestaltung der Druckvorlage betragen ca. 3 bis 10 Euro pro Seite – je nach Schwierigkeitsgrad – in der Regel ist jedoch von rund 5 Euro pro Seite auszugehen. Ca. 90 % der Autoren erstellen die Druckvorlage selbst.

Erfolgt die Veröffentlichung des Werkes im Eigenverlag, so muss z. B. der Autor einer Doktorarbeit eine in der Promotionsordnung bestimmte Menge an Exemplaren drucken lassen (i. d. R. mindestens 150 Ex.) und diese selbst lagern und verbreiten. Diese Form der Veröffentlichung verliert zunehmend an Bedeutung, da die Verbreitungsmöglichkeit begrenzt und der Vermarktungsaufwand hoch ist. Diese Art der Veröffentlichung ist jedoch vergleichsweise kostengünstig.

Bei einer Inverlagnahme, Produktion und Verbreitung einer Dissertation durch einen gewerblichen Verleger hat der Autor einen sog. Druckkostenzuschuss zu leisten, der von mehreren Faktoren abhängt, insbesondere vom Umfang und der Ausstattung des Werkes sowie den potentiellen Absatzchancen.

Dissertationen haben üblicherweise eine Auflage von 200 bis 400 Exemplaren (davon ca. 30 bis 50 Exemplare für den Autor, wovon ca. 8-12 Exemplare zur Weiterleitung an die Hochschule, an der die Dissertation eingereicht wurde, bestimmt sind). Der vom Autor zu leistende Druckkostenzuschuss variiert zwischen ca. 6 und 12 Euro je Druckseite, zuzüglich 16 % MwSt. Laut Erlass des Finanzministeriums sind seit dem 1. Januar 2006 alle Druckkostenzuschüsse umsatzsteuerpflichtig, d. h. auch jene, die von öffentlichen Institutionen, Stiftungen etc. gewährt werden.

Der Autor erhält i. d. R. für jedes verkaufte Exemplar ein Honorar in Höhe von ca. 5-10 % vom Ladenverkaufspreis. Trotz der vergleichsweise hohen Verkaufspreise für Dissertationen gelingt es den meisten Autoren nicht, mit Ihrer Dissertation die Kosten für den Druckkostenzuschuss zu „kompensieren", d. h. einen „ökonomischen Gewinn" zu erzielen. Dies liegt nicht nur an den schwierigen Umfeldbedingungen (z. B. Kürzungen von Bibliotheksetats) sondern auch an der vergleichsweise geringen Anzahl potentieller Käufer. So können sich die meisten Autoren einer Dissertation glücklich schätzen, wenn von ihrem Werk mehr als 100 Exemplare verkauft werden konnten; natürlich gibt es hier auch Ausnahmen von Titeln, die in zweiter, dritter oder höherer Auflage erschienen sind.

Als kleiner finanzieller Trost bleibt zum Schluss noch die Autorentantieme der Verwertungsgesellschaft (VG) Wort, die dem Autor einmalig zusteht und ein Jahr nach dem Erscheinen des Titels – auf Antrag – ausgeschüttet wird. Die Höhe dieser Tantieme hängt u. a. von der Anzahl der Anträge/Vergütungs-berechtigten ab und beträgt derzeit ca. 380 Euro.

Literaturverzeichnis

Allgemeine Darstellungen zur Anfertigung schriftlicher wissenschaftlicher Arbeiten

Bänsch, Axel: Wissenschaftliches Arbeiten, München 2003

Deininger, Marcus: Studien-Abeiten – Ein Leitfaden zur Vorbereitung, Durchführung und Betreuung von Studien-, Diplom- und Doktorarbeiten am Beispiel Informatik, Stuttgart 1996

Deppe, Joachim: Die Technik des Referierens wissenschaftlicher Hausarbeiten in Übung und Seminar, in: WiSt 14/1986, S. 313-317

Dichtl, Erwin/Kaiser, Andreas: Zur Verläßlichkeit der Ergebnisse empirischer Untersuchungen, in: WiSt 7/1978, S. 490-492

Disterer, Georg: Studienarbeiten Schreiben: Diplom-, Seminar- und Hausarbeiten, Berlin u. a. 1998

Ebster, Claus/Stalzer, Lieselotte: Wissenschaftliches Arbeiten für Wirtschafts- und Sozialwissenschaftler, Wien 2003

Eco, Umberto: Come si fa una tesi di laurea, Milano 1989

Haefner, Klaus: Gewinnung und Darstellung wissenschaftlicher Erkenntnisse insbesondere für universitäre Studien-, Staatsexamen-, Diplom- und Doktorarbeiten, München/Wien 2000

Halfmann, Marion/Matzel, Manfred: Strategien zur Suche von Themen für wissenschaftliche Arbeiten, in: WiSt 24/1995, S. 654-656

Karmasin, Matthias/Riebing, Rainer: Die Gestaltung wissenschaftlicher Arbeiten, Wien 2007, S. 24

Kricsfallussy-Hrabár, Andreas: Format und Inhalt: Schnellkurs zur Anfertigung wirtschaftswissenschaftlicher Arbeiten, Köln 1995

Lück, Wolfgang: Technik des wissenschaftlichen Arbeitens: Seminararbeit, Diplomarbeit, Dissertation, 9., bearb. Aufl., München/Wien 2003

Petri, Klaus: Anleitung zur Anfertigung einer wirtschaftswissenschaftlichen Themenklausur, in: WiSt 8/1979, S. 339-342

Niederhauser, Jürg: Die schriftliche Arbeit, Mannheim 2000

Niederlag, Martina: Gewusst wie: wissenschaftliches Arbeiten, 2. Aufl., Göttingen 2002

Nienhüser, Werner/Magnus, Marcel: Die wissenschaftliche Bearbeitung personalwirtschaftlicher Fragestellungen. Eine Einführung, Essener Beiträge zur Personalforschung Heft 4/1998, S. 6

Poser, Günther: Unternehmensbefragungen und ihre Verwendung, in: wisu 19/1990, S. 432-438

Preißner, Andreas: Wissenschaftliches Arbeiten, München 1998

Preißner, Karl-Heinz: Die Gliederung – verkürztes Spiegelbild der wissenschaftlichen Arbeit, in: Wirtschaftswissenschaftliches Studium (WiSt), 11/1993, S. 593-595

Riedwyhl, Hans: Graphische Gestaltung von Zahlenmaterial, Bern/Stuttgart 1987

Rossig, Wolfram E./Prätsch, Joachim: Wissenschaftliche Arbeiten – Ein Leitfaden für Haus-, Seminar-, Examens- und Diplomarbeiten sowie Präsentationen, Bremen 2001

Rückriem, Georg/Stary, Joachim: Ist wissenschaftliches Arbeiten lehrbar?, in: Das Hochschulwesen 2/1996, S. 96-106

Sesink, Werner: Einführung in das wissenschaftliche Arbeiten, München 1999

Theile, Carsten: Zielgerichtete Technik des Gliederns wirtschaftswissenschaftlicher Arbeiten, in: WiSt 22/1993, S. 99-100

Theisen, Manuel R.: Wissenschaftliches Arbeiten: Technik, Methodik, Form, 13. Auflage, München 2006

Quellen und Zitate

Bartsch, Eberhard: Die Bibliographie: Einführung in Benutzung, Herstellung, Geschichte, München u.a. 1989

Behrens, Christian-Uwe: Fußnoten: Nur störendes Beiwerk?, in WiSt 18/1989, S. 95-96

Brand, Kaspar: Fußnoten und Anmerkungen als charakteristisches Element wissenschaftlicher Darstellungsformen, untersucht am Beispiel der Sprachwissenschaft, in: Danneberg, Lutz/Niederhauser, Jürg (Hrsg.): Darstellungsformen der Wissenschaften im Kontrast. Aspekte der Methodik, Theorie und Empirie, Tübingen 1998, S. 213-240

Geck, Wilhelm Karl: Totgeschwiegene Kommentatoren und zeitlose Kommentierungen: Unarten beim Zitieren, in: Juristenzeitung 42/1987, SW. 870

Genette, Gérard: Paratexte: Das Buch vom Beiwerk des Buches, Frankfurt/New York 1989

Grafton, Anthony: Die tragischen Ursprünge der deutschen Fußnote, München 1998

Jele, Harald: Wissenschaftliches Arbeiten in Bibliotheken, 2., vollst. überarb. und erw. Aufl., München 2003

Jele, Harald: Wissenschaftliches Arbeiten: Zitieren, München 2003

Halfmann, Marion/Matzel, Manfred: Strategien zur Suche von Themen für wissenschaftliche Arbeiten, in: WiSt 24/1995, S. 654-656

Hakelmacher, Sebastian: Die Fußnote als Höchstmaß wissenschaftlicher Arbeit, in: Meuser, Thomas(Hrsg.): Promo-Viren: Zur Behandlung promotionaler Infekte und chronischer Doktoritis, Wiesbaden 2000, S. 75-88

Schwerpunkt Diplomarbeit

Boehncke, Heiner: Vom Referat bis zur Examensarbeit, Niedernhausen 2000

Engel, Stefan/Slapnicar, Klaus Wilhelm (Hrsg.): Die Diplomarbeit, Stuttgart 2000

Kalliwoda, Norbert: Formalien in der Diplomarbeit, in: Engel, Stefan/Woitzik, Andreas (Hrsg.): Die Diplomarbeit, Stuttgart 1997

Lohse, Heinz: Bewertung von Diplomarbeiten, in: Engel, Stefan/Slapnicar, Klaus Wilhelm (Hrsg.): Die Diplomarbeit, Stuttgart 2000, S. 273-285

Rößl, Dietmar: Die Diplomarbeit in der Betriebswirtschaftslehre, Wien 2002

Scholz, Dieter: Diplomarbeiten normgerecht verfassen, Würzburg 2001

PC/Internet

Alberth, M. R.: Kurze Gedanken zum wissenschaftlichen Zitieren des Internets, in: Zeitschrift für Betriebswirtschaft, 68. Jg. 1998, S. 1367-1371

Eggler, Andreas: Verfassen wissenschaftlicher Arbeiten am Computer – eine integrierte Arbeitsmethodik, in: WiSt 21/1992, S. 139-142

Gaudig, Olaf: Wissenschaftliches Arbeiten mit Word, Berlin 2003

Janos-Sturhahn, Anke: Erfolgreiches wissenschaftliches Arbeiten: 10 Grundregeln aus dem Blickwinkel der EDV, in: Wirtschaftswissenschaftliches Studium, 29. Jg. 1999, S. 89-91

Janos-Sturhahn, Anke: Effiziente Recherche im Internet, in: DSWR Datenverarbeitung-Steuer-Wirtschaft-Recht 3/2000, S. 62-64

Kalmring, Dirk: Internet für Wirtschaftswissenschaftler, Eul 1996

Kammer, Manfred: Bit um Bit: Wissenschaftliches Arbeiten mit dem PC, Stuttgart/Weimar 1997

Nicol, Natascha/Albrecht, Ralf: Wissenschaftliche Arbeiten schreiben mit Word: formvollendete und normgerechte Examens-, Diplom- und Doktorarbeiten, Bonn 2001

Pitter, Keiko u. a.: Studieren mit dem Internet, München/Wien 1997

Rossig, Wolfram E./Fries, Manuel: Nutzung von PC und Internet, in: Rossig, Wolfram E./Prätsch, Joachim: Wissenschaftliche Arbeiten – Ein Leitfaden für Haus-, Seminar-, Examens- und Diplomarbeiten sowie Präsentationen, Bremen 2001, S. 13-34

Scheck, Reinhold: Word für Studium & Examen : [von der Seminararbeit bis zur Dissertation ohne Stress], Poing 2004, 507 S. ,graph. Darst. + 1 CD-ROM

Prüfungsvorbereitung

Knigge-Illner, Helga: Keine Angst vor Prüfungsangst. Strategien für die optimale Prüfungsvorbereitung im Studium, Frankfurt 1999

Knigge-Illner, Helga: Prüfer sind auch nur Menschen. Tips gegen Prüfungsängste, in: Kruse, Otto (Hrsg.): Handbuch Studieren. Von der Einschreibung bis zum Examen, Frankfurt/New York 1998, S. 321-332

Koeder, Kurt W./Hamm, Hans-Joachim: Die mündliche Prüfung, in: Dichtl, Erwin/Lingenfelder, Michael (Hrsg.): Effizient studieren: Wirtschaftswissenschaften, Wiesbaden 1999

Schreibstil der Wissenschaften

Brandt, Edmund: Rationeller Schreiben Lernen. Hilfestellung zur Anfertigung wissenschaftlicher (Abschluss-)Arbeiten, Baden-Baden 2002

Bramberger, Andrea/Forster, Edgar: Wissenschaftlich schreiben: kritisch – reflexiv – handlungsorientiert, Münster 2004

Disterer, Georg: Studienarbeiten schreiben: Diplom-, Seminar- und Hausarbeiten in den Wirtschaftswissenschaften, 3., vollst. überarb. und erw. Aufl. Berlin 2005

Ehlich, Konrad/Steets, Angelika (Hrsg.): Wissenschaftlich schreiben - lehren und lernen, Berlin 2003

Esselborn-Krumbiegel, Helga: Von der Idee zum Text. Eine Anleitung zum wissenschaftlichen Schreiben, 2. Aufl., Paderborn usw. 2004

Göttert, Karl-Heinz: Kleine Schreibschule für Studierende, München 1999

Graefen, Gabriele: Wissenschaftliches Schreiben, Hagen : Fernuniv., FB Erziehungs-, Sozial- und Geisteswissenschaften, 2001

Graham jr., C.D.: Geläufige Wendungen in Forschungsberichten, in: Trebeis, Orestes V. (Hrsg.): Nationalökonomologie, Tübingen 1994

Grieb, Wolfgang: Schreibtips für Diplomanden und Doktoranden in Ingenieur- und Naturwissenschaften, Berlin/Offenbach 1999

Kruse, Otto: Keine Angst vor dem leeren Blatt: Ohne Schreibblockaden durchs Studium, Frankfurt/New York 1999

Narr, Wolf-Dieter/Stary, Joachim: Lust und Last des wissenschaftlichen Schreibens, Frankfurt 2000

Perrin, Daniel (Hrsg.): Schreiben: von intuitiven zu professionellen Schreibstrategien, 2., überarb. Aufl. Wiesbaden 2003

Plümper, Thomas: Effizient Schreiben: Leitfaden zum Verfassen von Qualifizierungsarbeiten und wissenschaftlichen Texten, München 2003

Rückriem, Georg: „Es läuft": Über die Brauchbarkeit von Analogien und Metaphern, in: Narr, Wolf-Dieter/Stary, Joachim: Lust und Last des wissenschaftlichen Schreibens, Frankfurt 2000, S. 105-127

Sucharowski, Wolfgang (Hrsg.): Schreibgeburten : Ideen zum wissenschaftlichen Schreiben, Rostock 2002

Vollmer, Hans-Ulrich: Die Doktorarbeit schreiben. Strukturebenen - Stilmittel - Textentwicklung, Sternenfels 2005

Werder, Lutz von: Kreatives Schreiben von wissenschaftlichen Hausarbeiten und Referaten, Berlin 2000

Werder, Lutz von: Lehrbuch des wissenschaftlichen Schreibens, Berlin 1993

Winter, Wolfgang: Wissenschaftliche Arbeiten schreiben: Hausarbeiten, Diplom- und Magisterarbeiten, MBA-Abschlussarbeiten, Dissertationen, Frankfurt am Main 2004

Zotter, Sol: Struktur und Technik des akademischen Aufsatzes: mit d. vierteilig-zellulären Gliederungstechnik, München 1987

Rechtswissenschaftliche Arbeiten

App, Michael: Die Handhabung von Gerichtsentscheidungen und Fachliteratur, in Steuer und Studium 16/1995, S. 53-54

Häberle, Peter/Blankennagel, A.: Fußnoten als Instrument der Rechtswissenschaft, in: Rechtstheorie 19/1988, S. 116-136

Hirte, Heribert: Der Zugang zu Rechtsquellen und Rechtsliteratur, Köln 2000

Kerschner, Ferdinand: Wissenschaftliche Arbeitstechnik und -methodik für Juristen: Leitfaden für juristische Seminar- und Diplomarbeiten, Dissertationen und wissenschaftliche Artikel, Wien 1997

Kirchner, Hildebert: Abkürzungen für Juristen, Berlin/New York 1993

Kohler-Gehrig, Eleonora: Die Diplom- und Seminararbeit in den Rechtswissenschaften, Stuttgart 2002

Möllers, Thomas M.J.: Juristische Arbeitstechnik und wissenschaftliches Arbeiten, München 2002

Slapnicar, Klaus Wilhelm: Formalien in einer rechtswissenschaftlichen Diplomarbeit, in: Engel, Stefan/Slapnicar, Klaus Wilhelm (Hrsg.): Die Diplomarbeit, Stuttgart 2000, S. 152-181

Slapnicar, Klaus Wilhelm: Schreiben rechtswissenschaftlicher Texte, in: Engel, Stefan/Slapnicar, Klaus Wilhelm (Hrsg.): Die Diplomarbeit, Stuttgart 2000, S. 240-257

Soziologische Arbeiten

Ernst, Wiebke: Wissenschaftliches Arbeiten für Soziologen, München 2002

Naturwissenschaftliche Arbeiten

Ebel, Hans F./Bliefert, Claus: Das naturwissenschaftliche Manuskript: Ein Leitfaden für seine Gestaltung und Niederschrift, Weinheim 1998

Friedrich, Christoph: Schriftliche Arbeiten im technisch-naturwissenschaftlichen Studium, Mannheim u. a. 1997

Holzbaur, Ulrich D./Holzbaur, Martina M.: Die wissenschaftliche Arbeit: Leitfaden für Ingenieure, Naturwissenschaftler, Informatiker und Betriebswirte, München 1998

Grieb, Wolfgang: Schreibtips für Diplomanden und Doktoranden in Ingenieur- und Naturwissenschaften, Berlin 1995

Raßbach, Hendrike: Formalien einer ingenieurwissenschaftlichen Diplomarbeit, in: Engel, Stefan/Slapnicar, Klaus Wilhelm (Hrsg.): Die Diplomarbeit, Stuttgart 2000, S. 191-199

Medizinische Arbeiten

Janni, W./Friese, K.: Publizieren, promovieren - leicht gemacht, Berlin, Heidelberg 2004

Klyscz, Thomas: Die medizinische Doktorarbeit: Leitfaden zur erfolgreichen Planung und Durchführung einer medizinischen Dissertation, München 1992

Veröffentlichung

Brauner, Detlef: Die Doktorarbeit veröffentlichen. Gestaltungsrichtlinien – Publikationsformen – Verbreitung (in Vorbereitung)

Englert, Sylvia: So finden Sie einen Verlag für Ihr Manuskript – Schritt für Schritt zur eigenen Veröffentlichung, Frankfurt/New York 1999

Marschang, Dietwald: Wer verlegt meine Doktorarbeit, Frankfurt 1997

Index

A

Abbildungen und Tabellen · 42, 52, 58, 100, 137, 143, 144, 145
Abkürzungen · 56, 114–16, 139
Aktualität und Notwendigkeit · 37, 64, 69–70
Allgemeingültigkeit · 19
Anforderungen · 18, 19–20, 42–43, 47, 69, 73, 101, 109, 118, 125, 152–53, 154, 160–61
Anforderungsniveau · 24–26
Anhang · 140
Arbeitsorganisation · 41–50
Arbeitstitel · 37–38, 67, 74
Argumentation
  Ausformulierung der · 88–89
  Grundlage der · 90–92
  Schematischer Aufbau der · 101–02
  Voraussetzung · 92–94

B

Bachelor-/Masterarbeit · 18, 22–23, 24, 27, 28, 45, 48, 64, 69, 73, 74, 75, 78, 109, 128, 129, 158
  Bewertungskriterien für · 149–51
Benotung · 148–49
Bescheidenheit · 18, 34, 69, 92
Betreuer · 27, 34–35, 46, 73, 107
Bibliothek · 35–37, 50, 107

C

Computer · 43, 51–52, 144
  Software · 52–53, 53–62

D

Diplomarbeit · Siehe Bachelor-/Masterarbeit
Doktorarbeit · 23, 25, 28, 46, 48, 70, 74, 75, 79, 88, 109, 123, 128, 129, 141, 159
  Bewertungskriterien für · 152–55

E

Ehrenwörtliche Erklärung · 140

Eigenleistung · 18, 24, 28, 78, 97, 100, 112, 129, 132
Eingrenzung · 32, 38, 39, 75, 77
Einleitung · 70, 72, 81, 90, 131–33
Einstein, Albert · 43
Ergebnis · 91, 96, 100, 101, 102, 108, 128–29
Erkenntnisfortschritt · 19, 20, 23, 37, 64, 68, 73, 74, 98, 128

F

formale Gestaltung · 45, 47, 118–21
Formatierung · 42, 144, 145, 160
Forschungsfrage · 23, 68–69, 84, 96, 92–98, 119, 155
Forschungsstand · 64–65
Fragestellung · 28, 38, 91, 92
Fußnote · 54, 100, 113

G

Gliederung · 19, 53–56
  Erste Entwicklung der · 81–86
  Präzisierung der · 118–21
Graue Literatur · 21, 104
Grundwissen · 18, 23, 33

H

Habilitation · 23
Hauptteil · 81–83, 123–26
Hilfsmittel · 77, 78, 81, 83, 92, 107

I

Inhalt · 19, 31, 47, 56, 64, 72, 82, 89, 92, 118
Inhaltsverzeichnis · 56, 57, 137
Internet · 36, 37, 52, 158

K

Kapitel · 82, 83–86, 119, 132
Konzept · 53, 88–89
Korrektur · 46, 51, 123–26, 143, 145, 160
Kosten · 31, 36, 159, 161–62

L

Literatur · 23, 32, 45, 51, 65, 74–75, 85, 91,
   100–101, 104–05, 106, 109–10, 113
Literaturrecherche · 32–37, 106–9
Literaturverzeichnis · 56, 57, 114, 138,
   137–39

M

Magisterarbeit · 22, Siehe auch Bachelor-/
   Masterarbeit
Modelle · 19, 67, 74, 82, 95, 119
mündliche Prüfung · 70, 154–55

N

Nachvollziehbarkeit · 105, 106, 123–24,
   125–26
Nachweis · 18, 100
Neuigkeitsgehalt · 20
Notizen · 44
Notwendigkeit · Siehe Aktualtität und
   Notwendigkeit
Notwendigkeit weiterer Forschung · 64, 128

O

Objektivität · 18
Online-Recherche · 35–37, 107
Originalität · 18, 38, 55

P

Praxisteil · 20, 125, 126
Problemstellung · 64, 65, 67, 72, 73–74,
   90–92, 95
Prüfungsordnung · 22, 25, 27, 41, 135, 140,
   141, 159, 160, 161

Q

Quellen · 18, 25, 35, 37, 100, 104–05, 108,
   113, 138

R

Recherche · Siehe Literaturrecherche
Referat · 18, 22, 21–22, 45

Repräsentativität · 20, 119

S

Schluss · 128–29, 131–33, 155
Schneeballsystem · 35, 107–08, 110
Schreiben · 64, 85, 88
Seminararbeit · 18, 21–22, 24, 27, 28, 45, 47,
   64, 69, 72, 73, 74, 75, 78, 128, 129
   Bewertungskriterien für · 147–49
Software · Siehe Computer

T

Thema · 19, 23, 24, 27, 28, 38, 39, 51, 64,
   65, 72, 77, 89–90, 92, 118, 119
Themensuche · 31, 32, 78, 98
Theorie · 95
Titel · 28, 38, 77–79
Titelblatt · 135–36

U

Überschrift · 53, 58, 84, 137, 143
Unterkapitel · 119
Untertitel · 77

V

Veröffentlichung · 31, 77, 158–62
Verzeichnisse · 56–58, 137–39
Vorgehensweise · 20, 48, 75, 88

W

Wissen · 22, 24, 33, 44, 64–66, 82
Wissenschaft · 27, 28, 77
wissenschaftlicher Fortschritt · Siehe
   Erkenntnisfortschritt
Wissenschaftliches Arbeiten · 18–20, 31, 34,
   42, 78, 102, 104

Z

Zeitschriften · 23, 33, 36, 37, 104, 158
Zitate · 18, 33, 100, 106, 112–13, 114, 138

NOTIZEN